ANÁLISE DE DADOS
NA INVESTIGAÇÃO EM PSICOLOGIA

GABRIELLE POESCHL

ANÁLISE DE DADOS
NA INVESTIGAÇÃO EM PSICOLOGIA

Teoria e Prática

ANÁLISE DE DADOS
NA INVESTIGAÇÃO EM PSICOLOGIA

AUTOR
GABRIELLE POESCHL

EDITOR
EDIÇÕES ALMEDINA, SA
Rua da Estrela, n.º 6
3000-161 Coimbra
Tel: 239 851 904
Fax: 239 851 901
www.almedina.net
editora@almedina.net

EXECUÇÃO GRÁFICA
G.C. GRÁFICA DE COIMBRA, LDA.
Palheira – Assafarge
3001-453 Coimbra
producao@graficadecoimbra.pt

Abril, 2006

DEPÓSITO LEGAL
242400/06

Os dados e as opiniões inseridos na presente publicação
são da exclusiva responsabilidade do seu autor.

PREFÁCIO

Este manual tem como objectivo introduzir o leitor às técnicas fundamentais da análise estatística de dados recolhidos em investigações nas áreas das ciências humanas e sociais. O manual destina-se mais particularmente aos estudantes e investigadores em Psicologia e corresponde à elaboração de uma sebenta que foi utilizada e testada no ensino da estatística na Faculdade de Psicologia e de Ciências da Educação da Universidade do Porto.

O texto está organizado em função de três aspectos relevantes na análise dos dados: (*a*) apresentação das bases matemáticas subjacentes às fórmulas estatísticas com vista a uma compreensão intuitiva dessas bases matemáticas; (*b*) apresentação da forma de obter os procedimentos através do programa de análise de dados SPSS; (*c*) apresentação das principais controvérsias acerca da utilização dos procedimentos estatísticos.

A escolha do programa de análise de dados apresentado deve-se ao facto de que o SPSS é um dos programas mais utilizados nas ciências humanas e sociais. O texto foi elaborado com base na versão 11.5 do programa, que não apresenta diferenças significativas, relativamente aos tratamentos expostos, da versão 14.0 actualmente fornecida.

A apresentação teórica, que descreve os procedimentos de forma simplificada, apoia-se em diversas fontes relevantes no domínio da estatística e da análise de dados, que são listadas na bibliografia. Cada módulo inclui uma ficha de exercício prático. As fichas de exercícios encontram-se reunidas no final do manual, seguidas pelas respostas.

A organização geral do conteúdo, a forma de explicar e descrever os procedimentos, tal como, mais pragmaticamente, a redacção final em português devem muito aos comentários, conselhos e críticas do Doutor José Marques, especialista em questões metodológicas da Faculdade de Psicologia e de Ciências da Educação da Universidade do Porto, e do Dr. Rui Serôdio que colaborou comigo durante vários anos. Agradeço-lhes pelo apoio e pela colaboração.

MÓDULO 1:
ESTATÍSTICA E PSICOLOGIA

Sabemos que as atitudes para com a estatística contêm uma mistura de medo, de cinismo, de suspeição e de desprezo (Glass & Hopkins, 1984). Estamos cientes de que os dados estatísticos podem ser distorcidos ao ponto de permitirem a Disraeli afirmar: "Há mentiras, grandes mentiras e estatísticas". Já todos ouvimos a história do estatístico que, sentado com a cabeça no frigorífico e os pés no forno, declarava: "Em média, sinto-me óptimo!". Conhecemos também a definição de Thiers, segundo a qual "A estatística é a arte de definir o que se ignora". Pensamos, no entanto, que a verdade pode ser deformada, traída e mesmo construída tanto verbalmente como quantitativamente, e julgamos que um bom conhecimento da estatística é a melhor forma de lutar contra as distorções quantitativas.

O problema do medo associado à estatística tem, por seu lado, consequências interessantes. Bryman e Cramer (1992) reconhecem ter substituído o termo "estatística" pelo de "análise de dados" no seu livro, devido à aversão que o primeiro destes termos suscita em muitos leitores potenciais. Por seu lado, Rose e Sullivan (1993) afirmam que os termos "análise de dados" e "estatística" têm dois significados distintos, o primeiro dizendo respeito à aplicação prática destes procedimentos quando se "analisam dados", e o segundo aos procedimentos matemáticos formais que podem ser aplicados aos dados. Por conseguinte, a expressão "análise de dados", que designava, no seu sentido original, os procedimentos complexos utilizados para a procura indutiva de dimensões subjacentes a grandes conjuntos de dados, passa a designar, hoje em dia, procedimentos básicos que se receia chamar de "estatísticos".

A mudança progressiva do significado da expressão "análise de dados" revela, de facto, uma vontade nítida de esquecer o fundamento matemático dos procedimentos estatísticos, para reter apenas destes métodos a sua utilização prática no tratamento e interpretação dos dados empíricos. Esta evolução tornou-se possível graças ao desenvolvimento do computador: consegue-se falar hoje de investigação científica sem referir a estatística, mas apenas os programas que permitem "pôr em prática a lógica da investigação". Assim, no manual "Adventures in Social Research" de Babbie e Halley (1995), apenas se encontra a palavra "estatística" quando é apresentada a noção de "significância estatística".

Evidentemente, não se pode negar que o conhecimento de um programa de análise de dados é, hoje, imprescindível. Aliás, neste manual, vamos apresentar como trabalhar com um dos programas mais utilizados em ciências sociais, o SPSS, em vez de desenvolver de forma pormenorizada os métodos de cálculo com papel e lápis. No entanto, não partilhamos a posição que visa esquecer o fundamento dos processos estatísticos. Pelo contrário, pensamos que o recurso ao computador, que executa rápida mas cegamente os pedidos do investigador, torna mais importante do que nunca não só a compreensão dos conceitos estatísticos, como também o desenvolvimento de um "raciocínio estatístico". Estas duas condições são necessárias para que o estudante ou o investigador sejam capazes de aplicar de maneira correcta e relevante as técnicas estatísticas.

Como temos a convicção de que a estatística tem um papel importante no desenvolvimento da ciência em geral e da psicologia em particular, a nossa própria opção consiste em tentar transformar a imagem negativa da estatística numa imagem mais concreta e mais realista. Portanto, em vez de esquivar toda a referência à estatística, vamos, pelo contrário, apresentar os vários aspectos desta disciplina.

Nas secções que se seguem, antes de analisarmos a relação mais específica entre a estatística e a investigação psicológica contemporânea, consideramos a estatística quer enquanto instrumento útil para o conhecimento psicológico, quer enquanto disciplina científica em si mesma.

1.1. A estatística como instrumento

A estatística tem um papel importante em vários aspectos tanto do âmbito da psicologia como da formação em psicologia. Desses aspectos, poderemos salientar quatro que nos parecem especialmente relevantes.

Em primeiro lugar, uma grande parte da investigação empírica desenvolvida em psicologia é planeada para gerar dados quantitativos. Tanto a compreensão da literatura científica, como a avaliação do tipo de análises utilizadas, requerem familiaridade com os métodos e a forma de pensamento estatísticos. Além disso, muitos livros e artigos de revistas não se limitam a relatar os resultados na forma estatística, mas apresentam teorias e argumentos que dizem respeito a conceitos estatísticos.

Em segundo lugar, muitos estudantes e psicólogos deverão desenvolver projectos e conduzir investigações, originais ou não, no quadro da sua formação académica ou da sua prática profissional. A planificação de uma experiência ou de um inquérito é inseparável das técnicas utilizadas no tratamento dos resultados e daí decorrem as conclusões retiradas. A investigação deve ser planificada integralmente, ou seja, a sua planificação deve ser também regida pelas técnicas de tratamento dos dados que serão utilizadas após a recolha dos dados. Só desta forma será possível interpretar os resultados no sentido dos objectivos empíricos e conceptuais que presidiram à elaboração da investigação. Assim, a planificação do procedimento, a análise empírica, e a interpretação conceptual dos dados estão íntima e necessariamente relacionados.

Em terceiro lugar, um treino em estatística é um treino na utilização de uma parte significativa do método científico. Mesmo quem discorde deste ponto de vista, certamente admitirá que o papel da descoberta científica por indução tem, na sociedade moderna, uma importância que não pode ser negligenciada. Ora, a estatística procura tornar a inferência rigorosa.

O último aspecto, de carácter mais geral, prende-se com o facto de, na vida quotidiana, sermos confrontados com inúmeros estudos de opinião, estudos de mercado, estatísticas de saúde ou de criminalidade. O conhecimento dos procedimentos estatísticos torna-se importante para analisar a informação que recebemos dos meios de comunicação social e das publicações oficiais. Tal conhecimento permite-nos reconhecer conclusões deficientes ou manipulações de informação.

Parece-nos que os quatro aspectos acima enunciados salientam a importância duma formação em estatística para os psicólogos. Para além disso, não se pode esquecer que a estatística desempenhou um importante papel histórico no desenvolvimento da psicologia.

A procura de quantificação em psicologia tem, com efeito, uma longa história. Segundo Ferguson & Takane (1989), podemos recuar aos trabalhos de dois investigadores alemães, E.H. Weber e G. Fechner, em meados do século XIX, para encontrarmos as primeiras tentativas de aplicar os procedimentos da física aos fenómenos psíquicos, nomeadamente de medir os fenómenos psíquicos, e desenvolver a psicologia como ciência experimental. Mais precisamente, Fechner (1860) retomou uma observação feita por Weber cerca de trinta anos antes, segundo a qual, no quadro dos limites das capacidades dos indivíduos para avaliar pesos, existe uma relação constante que associa a diferença de pesos entre dois estímulos e o peso do estímulo inicial (Bélanger, 1988). Fechner procurou aplicar a fórmula de Weber a outras modalidades sensoriais e extrair uma lei fundamental que determinava a relação entre o físico e o psíquico, ou seja, entre o estímulo e a experiência sensorial.

Assim, a teoria "psicofísica" considerava as distorções próprias dos sentidos, não como fontes de erro, perturbadoras das medidas físicas, mas sim como fontes preciosas de informação quantificável acerca do psiquismo. Essa teoria suscitou grandes debates acerca da possibilidade de medir os fenómenos psíquicos, até então refractários aos números. Apesar do pensamento destes primeiros psicólogos se encontrar, hoje, ultrapassado, os métodos e técnicas por eles desenvolvidos tornaram-se mais sofisticados, e constituem, actualmente, a marca de uma orientação fundamental da investigação contemporânea em psicologia: o neo-positivismo.

Os métodos estatísticos encontraram muitas aplicações no estudo das capacidades humanas. Um número significativo de teorias e técnicas de natureza estatística foram desenvolvidas após a criação, por Binet, do primeiro teste de inteligência utilizado em grande escala (cujas três versões datam de 1905, de 1908, e de 1911). Estas teorias e técnicas referem-se, não só à construção de medidas, por exemplo, das capacidades humanas, dos traços de personalidade ou das atitudes, como também à detecção da natureza e extensão dos erros próprios destas medidas, como ainda à análise das condições de utilização dos instrumentos, à predição dos comportamentos, etc.

Se a estatística teve um papel importante na transição da "psicologia enquanto filosofia" para a "psicologia como ciência", a associação entre a psicologia e a estatística não se processou num sentido único: a psicologia esteve também na origem de desenvolvimentos matemáticos importantes. Ao construírem instrumentos metodológicos centrados na medida dos processos e estruturas psicológicas, os investigadores em psicologia estimularam o contributo dos matemáticos para o desenvolvimento de novos instrumentos e técnicas estatísticas. Um exemplo clássico deste facto é a análise factorial, que sendo actualmente um procedimento estatístico vulgar, emergiu dos estudos sobre a inteligência iniciados por Spearman no início do século XX (para uma apresentação extensiva dos trabalhos conduzidos neste domínio, podemos referir-nos à obra de Oléron, 1957). Para compreendermos a importância dessa contribuição, vamos traçar as grandes linhas da evolução desta ciência.

1.2. A estatística como ciência

Segundo Benzécri (1982) – a quem se deve a maior parte das referências históricas apresentadas nesta secção –, a estatística moderna tem uma dupla origem: a demografia e o cálculo das probabilidades.

1.2.1. A pré-história

Na Antiguidade, a administração dos grandes impérios (Egipto, Mesopotâmia, China), apoiava-se sobre uma espécie de estatística, nomeadamente, os recenseamentos. Se recuarmos até à época dos escribas egípcios, poderemos aí encontrar as origens da estatística descritiva. Parece, com efeito, que os egípcios conceberam o mais antigo barómetro económico conhecido, o "Nilómetro": a altura da cheia do Nilo era um excelente índice de fertilidade agrícola que permitia determinar a importância dos impostos.

Por seu lado, a origem do cálculo das probabilidades pode ser encontrada, tanto em jogos conhecidos desde a pré-história (os jogos com ossinhos precederam os jogos com dados), como na meditação sobre o azar e a sorte. Aristotéles (384-322), por exemplo, referia a existência de três atitudes face ao azar e à sorte: tudo tem uma causa determinada, tudo acontece por acaso, tudo tem uma causa, mas a sorte é uma causa inacessível à razão humana por ser algo de divino.

É no século XVII que tem início o estudo sistemático dos problemas ligados aos fenómenos aleatórios. A análise deste tipo de problemas leva à descoberta das distribuições teóricas baseadas em leis matemáticas: Pascal (1623-1662) lança as bases da teoria das probabilidades e calcula os coeficientes da distribuição binomial; Huyghens (1629-1695) escreve o primeiro livro sobre probabilidades, publicado em 1657 sob o título *De rationiis in ludo aleae*; Bernoulli (1654-1705) formula a lei dos grandes números, demonstrando que a frequência de um fenómeno com uma determinada probabilidade tende para esta probabilidade quando o número de ensaios é multiplicado. Comportamentos empíricos observados no domínio dos assuntos civis, morais e económicos recebem assim um fundamento teórico.

O século XVIII assiste à progressão do cálculo de probabilidades: Moivre (1667-1754), que retoma o teorema de Bernoulli, descobre a fórmula da lei normal para uma dimensão; Bayes (1702-1761) resolve o problema inverso, que consiste em inferir a distribuição da probabilidade dum acontecimento a partir da frequência deste acontecimento (probabilidade das causas).

A fusão da demografia e do cálculo das probabilidades produz a estatística matemática. A introdução, em 1749, do termo "estatística" (Statistik), que deriva do latim "status" (estado), deve-se a um economista da Universidade de Göttingen, G. Achenwall. A demografia, que recolhe grandes quantidades de dados, orienta para a descoberta de leis empíricas e sugere a crítica da amostragem. Estuda-se sobretudo as estatísticas necrológicas que determinam a organização dos seguros.

O método dos mínimos quadrados nasce no final desse século, a partir da medida do movimento dos astros, e lança as bases da geometria multidimensional. Os nomes de três matemáticos estão ligados à procura do verdadeiro valor duma grandeza a partir de um

Módulo 1: Estatística e Psicologia 13

grande conjunto de medidas susceptíveis de erro: Laplace (1749-1827), Gauss (1777-1853) e Legendre (1752-1833). Para os dois primeiros, o método dos mínimos quadrados baseia-se na distribuição normal dos erros. Finalmente, Poisson (1781-1840) demonstra uma forma mais geral da lei dos grandes números de Bernoulli, e estabelece a lei limite da distribuição binomial, conhecida por distribuição de Poisson.

No início do século XIX, observa-se uma tentativa de aplicação do cálculo de probabilidades às ciências morais, através do estudo da probabilidade dos testemunhos, dos julgamentos em tribunais, das escolhas e decisões das assembleias. Estas aplicações, a que estão associados os nomes de Laplace e de Poisson e que foram ulteriormente consideradas como um "escândalo matemático", desencorajaram a maioria dos matemáticos a prosseguir o estudo da estatística matemática.

1.2.2. *Introdução da estatística nas ciências humanas*

A lei normal é introduzida nas ciências humanas pelo astrónomo belga, e fundador da antropometria, Quetelet (1796-1874) que, ao tentar justificar a sua teoria do "homem médio", acaba por descobrir que as estaturas observadas numa população masculina se distribuem normalmente.

A variação conjunta de duas medidas será, em seguida, estudada por Galton (1822-1911). Com o objectivo de contribuir para o aperfeiçoamento da raça, este autor procura confirmar matematicamente a teoria evolucionista de Darwin. Antes de comparar duas gerações humanas (estatura do pai/estatura do filho)[1] e de estudar a diversidade das formas numa geração (comprimento do braço/comprimento da perna), Galton comparara gerações de ervilhas, e propusera o conceito de regressão estatística (chamada então reversão, e cuja inicial "r" se manteve até hoje como designação do coeficiente de correlação).

---

[1] Em 1885, em *Regression towards mediocrity in hereditary stature*, Galton observa que os filhos de pais altos eram, em média, mais baixos do que os pais, e que os filhos de pais baixos eram, em média, mais altos do que os pais.

Com o intuito de desenvolver as teses eugenistas e de estudar a variabilidade das formas vivas, Galton recorre à colaboração de dois seus discípulos: o matemático K. Pearson (1857-1936) e o zoólogo R. Weldon (1860-1906). Em conjunto, estudam a covariação de órgãos (de camarões ou de caranguejos), e formulam a teoria da correlação (que já tinha sido apresentada por Bravais, daí decorrendo a designação por vezes utilizada de "coeficiente de Bravais-Pearson"). Estes autores iniciam um corrente de investigação muito importante que dá origem à biometria, e cujas teses serão contestadas pela redescoberta das leis de Mendel.

Pearson, que conhece a lei normal multidimensional, generaliza a fórmula da regressão encontrada por Galton, e descobre a correlação parcial. Comparando a "hereditariedade das características mentais e morais" com a "hereditariedade das características físicas", Pearson reúne todas as componentes de base da análise factorial. Não se deixa, no entanto, convencer totalmente pelo eventual carácter generalizável da lei normal: a observação de leis empíricas permite-lhe desenvolver o teste do qui-quadrado (sendo os valores associados aos graus de liberdade descobertos posteriormente por Fisher). Com a noção do qui-quadrado, a correlação para os valores métricos pode estender-se a variáveis de outro tipo. Apercebendo-se de que a relação mais geral que pode ser encontrada nos fenómenos naturais é a contingência ou co-ocorrência, Pearson rejeita a ideia de "causa" e adopta a noção de "união habitual".

Após 1933, o sucessor de Pearson no cargo de professor de genética na Universidade de Cambridge é R. A. Fisher (1890-1962). Discordando de Pearson em quase tudo (mas adepto das teses eugenistas), Fisher é considerado o maior estatístico de todos os tempos e os seus trabalhos englobam todos os domínios da estatística. Após a publicação de "*A probable error of a mean*" por Gossett (1876-1937), conhecido sob o pseudónimo de Student[2], Fisher começa a interessar-se pela determinação das leis probabilistas das estatísticas calculadas em pequenas amostras. Desenvolve, então, a teoria da

---

[2] Gossett trabalhava para a cervejaria Guinness e o seu interesse pela estatística tinha por origem problemas associados com a qualidade dos produtos utilizados na fabricação da cerveja.

Módulo 1: Estatística e Psicologia   15

amostragem e a teoria da estimação. Apesar de reclamar igualmente a sua prioridade na concepção dos testes não-paramétricos aplicados à análise de pequenas amostras, Fisher condena o recurso generalizado a tais testes e afirma a sua confiança na lei normal. Na procura de construir novos instrumentos de análise estatística susceptíveis de apoiar as teorias biométricas e de observar o efeito simultâneo de vários factores sobre a hereditariedade, Fisher desenvolve a análise da variância[3] e a análise discriminante. A análise da variância teve uma imensa influência em todos os domínios da investigação científica, por várias razões: porque, permitiu lidar com pequenas amostras; porque, permitiu observar a variação simultânea de várias variáveis, afastando-se da velha noção de que se devia analisar uma variável de cada vez, mantendo o efeito das outras constante; e, ainda, porque possibilitou a estimação dos efeitos da interacção entre as variáveis. Contudo, o seu sucesso espalhou também a convicção da escola de Fisher de que se podia "matematizar" a indução científica, originando práticas que são, ainda hoje, objecto de controvérsia.

1.2.3. *Desenvolvimento da análise de dados*

Aos grandes nomes da biometria britânica, sucedem os nomes ligados à escola americana da psicometria e da análise factorial. Embora a análise de dados, no seu sentido habitual (isto é, a procura indutiva de dimensões subjacentes a partir de medidas primárias), só tenha surgido com a psicometria, a origem desta escola está associada, por um lado, ao progresso no domínio da utilização dos métodos multidimensionais em biometria, e, por outro, à psicofísica, aos trabalhos de Binet, e aos estudos de Pearson referidos acima. Com efeito, estes últimos autores, haviam já antecipado o interesse da mensuração das capacidades da mente humana.

É no trabalho de Spearman (1863-1945) que podemos situar a criação da escola americana de psicometria e análise factorial. Pro-

---

[3] Este conjunto de métodos foi desenvolvido para analisar problemas relacionados com a agricultura e foi apresentado pela primeira vez em 1924 (cf. *Proceedings of the International Congress of Mathematics*, Toronto).

curando definir e medir a inteligência, Spearman pretende detectar uma variável escondida, subjacente aos resultados obtidos pelos sujeitos em numerosas provas, e explicativa das diferenças individuais. Os trabalhos deste psicólogo põem em evidência o facto de que qualquer prova pode ser decomposta em dois factores: um factor geral, "g", comum a todas as provas, e um factor único, específico a cada prova[4]. Thurstone (1887-1955) que, pelo contrário, procura vários factores não-directamente observáveis, generaliza a técnica. Aplicando uma rotação aos eixos factoriais para os aproximar das aptidões específicas, Thurstone consegue eliminar o factor geral e evidenciar, para além dos factores específicos, a existência de múltiplos factores comuns às diferentes provas de inteligência[5].

A análise factorial desenvolvida na investigação psicológica foi sendo alvo de uma diversificação gradual. Num artigo publicado em 1933, o estatístico Hotelling descreveu um dos mais importantes métodos de análise factorial, a análise em componentes principais. Este tipo de análise tem como objectivo descobrir uma estrutura estável subjacente a um conjunto de observações, reduzindo essas observações a um número restrito de dimensões básicas, os factores. No entanto, até aos anos 1960, as técnicas de análise de dados eram dificilmente exequíveis, dada a grande quantidade de cálculos que requerem. A sua vulgarização posterior deve-se à popularização do acesso aos recursos informáticos.

Na segunda metade do século XX, a associação entre a estatística e a informática levou ao desenvolvimento de um número significativo de técnicas estatísticas. Os trabalhos realizados no âmbito da escola americana de tratamento de dados, levaram à proposta de novas técnicas, designadas de "multidimensional scaling", para representar tabelas constituídas por observações ou por experiências psicológicas. Em França, Benzécri e os seus numerosos discípulos voltaram aos trabalhos de Pearson para desenvolver a análise de correspondências a partir da noção de "distância do qui-quadrado".

---

[4] Ver, por exemplo, Spearman, C. (1904). General intelligence, objectively determined and measured. *American Journal of Psychology, 15*: 201-293.

[5] Para uma apresentação pormenorizada da relação entre análise factorial e teorias da inteligência, pode-se recorrer à obra de J.S. Gould (1983): *La mal-mesure de l'homme*. Paris: Editions Ramsay.

Módulo 1: Estatística e Psicologia

Tornou-se igualmente vulgar a utilização dos métodos de classificação e de tipologia, anteriormente utilizados pelos naturalistas na manipulação de grandes quantidades de dados. Tais métodos, utilizados para a primeira tentativa de classificação hierárquica, a classificação do reino animal proposta por Lineu, foram recuperados e desenvolvidos pelos estatísticos. Servem, actualmente, para evidenciar grupos homogéneos de indivíduos ou de características a partir de uma amostra (Sokal & Neath, 1963).

Embora se tenha limitado a aperfeiçoar os procedimentos da estatística descritiva clássica que pouca ou nenhuma controvérsia haviam provocado, a análise de dados, agora vulgarizada, gerou duas reacções opostas: o entusiasmo e a rejeição. A redescoberta daqueles procedimentos, de grande utilidade prática e de grande simplicidade intelectual, conduziu, assim, a uma reflexão teórica mais aprofundada sobre o trabalho estatístico. Esta reflexão reactivou por sua vez uma série de problemas, inclusivamente o da relevância da estatística na investigação psicológica. Vamos evocar alguns aspectos desta polémica na secção seguinte.

1.3. Estatística e investigação psicológica

1.3.1. *Considerações gerais*

No processo dinâmico que define a psicologia como "aquilo" que os psicólogos fazem (Craig & Metze, 1979), as divergências teóricas e epistemológicas entre as diferentes correntes científicas acompanham-se geralmente de diferenças de perspectiva acerca da utilização ou da escolha dos métodos estatísticos. Pode-se considerar como subjacente às convicções conflituais dos investigadores a questão de saber se as ciências humanas podem ser comparadas às ciências exactas, ou seja, se os fenómenos humanos podem ser estudados como fenómenos físicos. Encontra-se de forma recorrente:

– a oposição entre o método clínico e o método estatístico
– a oposição entre métodos qualitativos e métodos quantitativos
– a oposição entre métodos dedutivos e métodos indutivos

Segundo Ombredane (1966), opõe-se muitas vezes o método clínico ao método estatístico, no ponto de vista segundo o qual o clínico parte de um determinado sujeito e procura os factores susceptíveis de o explicar, enquanto que o estatístico parte dum determinado factor e procura a sua influência, fazendo variar aleatoriamente a escolha dos seus sujeitos. O autor concorda que se pode censurar a tentativa de explicação da influência de um determinado factor através do agrupamento de diferentes indivíduos, mas assinala o facto de se poder igualmente criticar o facto de agrupar num sistema explicativo as diferentes manifestações observadas num indivíduo.

No que diz respeito à relação entre métodos qualitativos e quantitativos, podemos salientar que tais métodos são considerados por alguns autores como complementares e, por outros, como opostos. Segundo Rodrigues Lopes (na introdução a d'Hainaut, 1990) se, em dado momento, os problemas quantitativos eram considerados do âmbito das ciências físicas, e os problemas qualitativos do âmbito das ciências humanas, a epistemologia científica evidenciou uma "simbiose" entre os domínios quantitativo e qualitativo dos fenómenos: a partir da resolução qualitativa dum problema passa-se à resolução quantitativa, necessária para compreender e interpretar a realidade, visto que a realidade deve ser analisada cientificamente.

Ainda segundo Rodrigues Lopes, o processo de construção científica exige o recurso permanente à metodologia estatística, que permite o tratamento, a análise e a interpretação dos dados. Dentro deste processo geral, a conceptualização torna-se particularmente importante nas ciências humanas, que constituem um domínio rico em subtilezas e ambiguidades. Citando Leibniz, o autor afirma que é necessário que o investigador manipule os conceitos científicos como objectos matemáticos, na medida em que só estes são passíveis de inteligibilidade e transparência.

Este ponto de vista não é consensual. Os membros do *New Paradigm Research Group* (Reason & Rowan, 1981), por exemplo, opõem-se à ortodoxia do método científico, e rejeitam o positivismo e as suas definições operacionais, o reducionismo e a reificação, que transformam e resumem as pessoas, os conceitos e os fenómenos humanos em casos, variáveis, comportamentos, e respostas. Também criticam a "quantofrenia" afirmando que nem tudo o que é numericamente preciso é verdadeiro, e que nem tudo o que é verdadeiro é quantificável; defendem ainda a opinião de que existe demasiada mensuração, e de que nem tudo o que é estatisticamente significativo é humanamente interessante.

A posição de rejeição dos métodos "ortodoxos" é também partilhada por investigadores de diferentes correntes que criticam os métodos dedutivos. Estes investigadores escolhem métodos indutivos para descobrirem questões novas, gerarem a teoria a partir dos dados, darem mais importância à descrição dos fenómenos do que à procura de uma significância estatística baseada em leis matemáticas não verificadas. No seio destas correntes encontram-se várias perspectivas europeias que insistem sobre a influência do social sobre o indivíduo e não consideram *a priori* os indivíduos como equivalentes.

Note-se que os membros do *New Paradigm Research Group* vão para além das oposições clássicas, considerando que tudo o que torna a investigação científica num grande negócio deve ser repensado (objectivos explícitos, objectivos implícitos, ética). Estes autores propõem um outro tipo de investigação "objectivamente subjectiva", síntese de investigação ingénua e de investigação ortodoxa, que implica um regresso à psicologia humanista, clínica, aplicada e à filosofia crítica como o marxismo[6], o existencialismo, o hegelianismo.

Sem tomarmos parte na polémica acerca da necessidade de quantificação como factor essencial de definição do carácter científico de uma análise, parece-nos, no entanto, óbvio que a abordagem quantitativa tem algum peso na construção da psicologia, o que explica a importância que lhe é atribuída em muitos livros sobre metodologia de investigação.

---

[6] Lembremo-nos que Marx não podia ter produzido a sua análise do capitalismo sem ter sido capaz de ler e interpretar os *Blue Books* do governo britânico e que ele tinha reconhecido a necessidade de recolher os dados sobre as condições de trabalho através dum inquérito (Rose & Sullivan, 1993).

1.3.2. Planificação metodológica e análise estatística

O ponto de vista segundo o qual o conhecimento metodológico antecede conceptualmente o conhecimento estatístico parece-nos isento de controvérsia. Para Ferguson & Takane (1989), por exemplo, nenhuma manipulação estatística pode levar a conclusões válidas se a planificação for defeituosa. No entanto, é uma evidência que a planificação metodológica será tanto mais adequada ao problema analisado quanto mais aprofundado for o conhecimento dos instrumentos estatísticos que tal planificação implica. Não falemos sequer da irrelevância que teria uma planificação metodológica, mesmo que perfeita, na ausência de competências estatísticas que permitissem, posteriormente, analisar correctamente, os resultados.

Pode-se considerar que a estatística faz integralmente parte do processo de investigação, que pode ser resumido da maneira seguinte: temos uma teoria acerca de determinados padrões que pensamos observar na nossa sociedade. Esta teoria permite-nos gerar hipóteses que devemos avaliar. Por isso, operacionalizamos os conceitos a que elas se referem, transformando-os em variáveis que podem ser medidas. Elaboramos um plano para recolher os dados, que serão analisados para testar as nossas hipóteses. Se estas forem confirmadas, os resultados apoiam a nossa teoria.

Nas ciências humanas, estamos normalmente interessados em explicar a variação duma característica numa população. Esta variação não nos parece ser produto do acaso, e pensamos ter uma explicação acerca dela. As hipóteses que colocamos dizem respeito à relação entre a variação observada e a causa que atribuímos à sua existência.

O Esquema 1 resume a esquematização que Bryman e Cramer (1992) fazem do processo de investigação.

O elo entre as diferentes fases e os procedimentos estatísticos, traduz-se pelo facto de diferentes tratamentos estatísticos se aplicarem em função das hipóteses colocadas, da maneira de constituir os grupos de sujeitos estudados, e do nível de medida escolhido na recolha dos dados. Qualquer plano de investigação é indissociável do tratamento estatístico, já que é esse tratamento que determina quais as conclusões que podemos retirar da investigação, e, mais precisamente, que permite confirmar ou refutar as hipóteses colocadas.

Esquema 1: *O processo de investigação*

Teoria
↓
Hipóteses
↓
Operacionalização dos conceitos
↓
Selecção de sujeitos ou de respondentes
↓
Plano de investigação
↓
Recolha de dados
↓
Análise de dados
↓
Conclusões

Para concluir, podemos dizer que um bom conhecimento da estatística permite escolher uma metodologia de investigação em função da sua adequação ao problema e não em função das capacidades do investigador para tratar os dados. Estamos então prontos a descobrir os vários aspectos desta disciplina e as suas possíveis aplicações à investigação psicológica.

MÓDULO 2:
NOÇÕES FUNDAMENTAIS

Este módulo apresenta três noções fundamentais em estatística: as noções de *variável*, de *medição* e de *amostra*.

2.1. As variáveis

A utilização de métodos estatísticos requer que os fenómenos estudados sejam previamente "medidos". A noção de medida é entendida no sentido geral, visto que se aplica a observações que podem ser descritas através duma etiqueta (por exemplo, o "sexo") ou dum número (por exemplo, a "estatura"). Chama-se *dados* aos resultados dessas observações.

2.1.1. *Definição*

Uma *variável* é uma propriedade segundo a qual as observações diferem umas das outras. Chama-se *valores* da variável às diferentes categorias duma variável. Assim, uma variável pode assumir vários valores.

Uma *constante* é uma propriedade segundo a qual as observações não diferem umas das outras. Assim, uma constante apenas pode assumir um valor.

2.1.2. *O nível das variáveis*

Um aspecto importante da classificação das variáveis em vários tipos é a distinção entre essas variáveis a partir do modo como foi medida a propriedade observada. Embora exista ainda um debate acerca da relação entre medidas e procedimentos estatísticos (ver caixa no final desta secção), a classificação geralmente adoptada baseia-se na proposta de Stevens (1971).

2.1.2.1. *As variáveis nominais*

Uma variável é *nominal* quando apenas permite distribuir os dados em classes ou categorias não hierarquizadas. As categorias devem ser precisamente definidas, exaustivas e mutuamente exclusivas. A nacionalidade é um exemplo de variável nominal. Este tipo de variável só permite enunciar equivalências ou diferenças (igual a, diferente de).

2.1.2.2. *As variáveis ordinais*

Uma variável é *ordinal* quando permite obter uma classificação dos dados por ordem de grandeza (podemos não só dizer que um dado é igual ou diferente dum outro, mas também que é maior ou menor que um outro).

Neste caso, podem apresentar-se duas situações:

- podemos atribuir a cada observação uma *ordem* (como no caso duma corrida, em que classificamos os corredores uns em relação aos outros). Neste caso, as observações são diferenciadas, em geral cada uma constitui uma categoria, não havendo um número de categorias determinado;
- podemos situar as observações em diferentes *categorias* hierarquizadas (como quando classificamos os resultados duma turma em "inferiores", "médios", "superiores"). Neste caso, o número de categorias é limitado e as observações que pertencem a cada categoria não são diferenciadas.

2.1.2.3. *As variáveis métricas*

Uma variável é *métrica* quando permite atribuir a cada observação um número que representa uma medida da propriedade estudada. Este número é tal que intervalos numéricos iguais representam distâncias iguais relativamente à propriedade medida (por exemplo um intervalo de 10 cm representa uma diferença de estatura igual em toda a escala).

Podemos distinguir dois tipos de variáveis métricas:

– numa *variável de intervalos*, o zero da escala não corresponde a uma ausência da propriedade na observação caracterizada pela medida "zero", sendo o zero arbitrário. Neste caso, podemos subtrair os números, mas não podemos adicioná-los, multiplicá-los ou dividi-los. A escala de temperatura é uma variável de intervalos: uma temperatura de zero graus não corresponde a uma ausência de temperatura; 8° não é uma temperatura dupla de 4°; mas um intervalo de 18° é o dobro dum intervalo de 9°. Podemos, portanto, adicionar, multiplicar e dividir *os intervalos* da escala;
– numa *variável de razão*, o zero da escala corresponde à ausência da propriedade na observação (zero metros, zero quilos). Neste caso, todas as operações aritméticas fazem sentido (3 vezes mais alto, a metade do peso, etc.) Praticamente todas as medidas físicas são variáveis de razão, mas este tipo de variável raramente se encontra em psicologia.

A diferença fundamental entre as variáveis de intervalos e as variáveis de razão é a ausência ou a existência dum ponto zero verdadeiro. Com efeito, quando se tratam de variáveis de intervalos, utilizamos as diferenças entre os valores das variáveis que constituem variáveis de razão, independentemente da localização do ponto de origem.

2.1.2.4. *As variáveis "de contagem"*

Fala-se, por vezes, de variáveis "de contagem" (SPSS, 1999). Uma variável é *"de contagem"* quando permite atribuir a cada observação um número que representa a ocorrência da característica estudada (por exemplo, número de crianças numa família, novos casos de desemprego). As variáveis são tratadas como métricas porque permitem fazer as mesmas operações aritméticas. A diferença entre as variáveis "de contagem" e as variáveis métricas é, por vezes, expressa em termos de diferenciação entre variáveis discretas e variáveis contínuas.

Uma variável *discreta* não pode tomar senão valores específicos, separados uns dos outros (votos recolhidos por um partido político, valores obtidos a lançar um dado, etc.). Uma variável *contínua*

26   *Análise de Dados na Investigação em Psicologia*

pode tomar todos os valores possíveis num intervalo. Entre dois valores da variável, existe um número infinitamente grande de valores intermédios (por exemplo estatura, peso, tempo cronométrico, etc.).

2.1.2.5. *As variáveis dicotómicas ou dicotomizadas*

Quando os dados nominais podem exprimir-se apenas em duas categorias a variável é *dicotómica* (por exemplo, o sexo). Quando somos levados a transformar uma escala ordinal ou métrica em duas categorias, a variável é *dicotomizada* (aprovação ou reprovação num exame). Na medida em que existe um único intervalo na escala, as variáveis com duas categorias satisfazem o requisito de intervalos iguais das variáveis métricas. Por isso, elas podem ser tratadas como nominais, ordinais ou métricas, conforme a necessidade da situação de investigação (Diamantopoulos e Schlegelmilch, 1997).

2.1.3. Nível de medição e nível das variáveis

A classificação apresentada acima corresponde à forma como as propriedades foram medidas, ou seja à escala de medição adoptada.

2.1.3.1. *Transformação das variáveis*

Quando temos dados avaliados numa escala, geralmente é possível transformá-los numa escala menos precisa (por exemplo a idade em anos pode transformar-se em faixas etárias: 10-14, 15-19, 20-24, 25-29, 30-34 anos; ou em categorias: os jovens, os adultos). Não sendo o contrário possível, é sempre preferível medir uma característica com uma escala de nível mais elevado. Com efeito, o nível de medição determina os procedimentos estatísticos possíveis: com dados métricos podemos utilizar um grande leque de técnicas paramétricas, enquanto que com dados nominais temos apenas um número limitado de técnicas à disposição.

A possibilidade de passar de um nível de medição mais elevado a um nível mais baixo parece ilustrar a ideia de que o nível de uma variável depende, principalmente, do processo de medição e não da propriedade medida. No entanto, dizer (Moore, 1997) que *se um teste de personalidade tem uma escala ordinal, isto não significa que é impossível medir a personalidade numa escala métrica mas,*

Módulo 2: Noções fundamentais 27

apenas, que o teste não o faz, é mais uma verdade teórica de que uma realidade prática. Com efeito, não há dúvida que muitos conceitos psicológicos são difíceis de medir e, sobretudo, de medir com precisão.

2.1.3.2. *Escolha do nível de medição*

Apesar da natureza dos conceitos psicológicos, temos alguma margem de manobra na forma de medir as características que queremos estudar.

Primeiro, deve sempre procurar-se o nível de medição mais elevado. Deve preferir-se uma questão aberta como

Idade: ....

Salário anual: ....

a questões de escolha múltipla que propõem categorias preestabelecidas.

O problema não se pode resolver tão simplesmente quando se trata de medir uma atitude ou uma opinião, por exemplo. A controvérsia sobre o nível de medição das escalas começou há anos e não parece prestes a terminar. O que está em jogo é resumido por Kerlinger (1964, cit. por Diamantopoulos e Schlegelmilch, 1997, p. 29-30) em poucas palavras: "se utilizamos medidas ordinais como se fossem métricas, podemos enganarmos seriamente quando interpretamos os dados e as relações inferidas dos dados... Por outro lado, se obedecemos estritamente às regras, eliminamos formas poderosas de medição e de análise e ficamos com instrumentos inadequados para resolver os problemas que queremos resolver".

Se quisermos utilizar uma escala de opinião como métrica, devemos, pelo menos, tentar rotular os vários pontos da escala de maneira a que eles reflictam a ideia de que os intervalos são iguais. Contudo, uma escala de três pontos, 1 = sim, 2 = não, 3 = não sei, nunca poderá ser considerada como uma escala métrica.

28 *Análise de Dados na Investigação em Psicologia*

Relação entre medidas e procedimentos estatísticos

Um velho antagonismo caracteriza as relações entre medidas e estatísticas. Para alguns autores (Stevens, 1971; Siegel & Castellan, 1988), o nível da medida determina as operações estatísticas permitidas, enquanto que, para outros autores (Anderson, 1971; Labovitz, 1970, cit. por Bryman & Cramer, 1992), esta relação não é relevante.

Stevens (1971) exprime a primeira ideia quando observa que se não há medição, não há estatística; se uma medição perfeita é possível, não se precisa muito de estatística. Situando-se a psicologia entre estes dois extremos, encontra-se numa posição em que a relação entre medição e estatística deve ser máxima. Anderson (1971) adopta a segunda posição ao afirmar que a validade duma conclusão estatística não pode depender do nível de medida utilizado.

O consenso mínimo é sobre a existência de, pelo menos, dois grandes tipos de variáveis: as variáveis numéricas (que são obtidas por medição) e as entidades não numéricas a que se estende o conceito de variável, mas que representam meramente categorias.

2.2. A medição na investigação em psicologia

Em psicologia, a medição incide sobre fenómenos de vários tipos: alguns são directamente observáveis (como o tempo de reacção a um estímulo); outros (como as atitudes, as competências, ou as opiniões), requerem o recurso a instrumentos de medição menos directos. É por esta razão que a investigação em psicologia utiliza uma grande diversidade de técnicas e de instrumentos de medição.

2.2.1. *Os instrumentos de medição*

Os instrumentos de medição são geralmente agrupados em três grandes classes. Em primeiro lugar, recorre-se a diversos tipos de aparelhagem – que vão da simples régua aos instrumentos electrónicos mais sofisticados, que permitem, por exemplo, medir as competências sensoriais dos indivíduos. Em segundo lugar, recorre-se a testes e a questionários. Muitas vezes os testes (projectivos, de criatividade, por exemplo) foram anteriormente normalizados a partir de

Módulo 2: Noções fundamentais 29

uma amostra de grande efectivo. No que diz respeito aos questionários, pode-se adaptar alguns que já existem e/ou criar outros especialmente para responder a um objectivo determinado. Em terceiro lugar, quando a investigação é realizada por observação, são os "instrumentos humanos" (os observadores) que recolhem os dados através dos sentidos, directamente ou com a ajuda de registos sonoros ou visuais.

O interesse das conclusões de uma investigação depende, contudo, do valor dos instrumentos utilizados. Para ser útil um instrumento deve ser, em simultâneo (Bélanger, 1988):

a) *apropriado*, ou seja deve permitir investigar o fenómeno que se deseja estudar, deve ser adequado aos sujeitos a que se destina, deve permitir desenvolver a investigação nas condições impostas ao investigador;

b) *objectivo*, reduzindo ao máximo os erros que podem ser cometidos de modo sistemático, tanto pelo sujeito como pelo observador;

c) *sensível*, permitindo aos sujeitos efectuarem distinções, e ao investigador captar eventuais diferenças inter-individuais;

d) *válido*, medindo efectivamente aquilo que se pretende medir;

e) *fiel*, levando aos mesmos resultados em igualdade de circunstâncias.

Mais geralmente, a fidelidade refere-se à consistência da medida. Ou seja, existe fidelidade quando a medida obtida através de um instrumento não depende desse instrumento (o questionário administrado, o investigador que o apresenta, ou qualquer factor que ocorra no momento da observação). Existe fidelidade quando qualquer variação sistemática observada através desse instrumento reflecte uma verdadeira variação no fenómeno medido.

As três componentes da fidelidade são a *estabilidade* (fidelidade teste-reteste), a *equivalência* (fidelidade inter-codificadores), e a *homogeneidade* (fidelidade interna à escala de múltiplos itens).

2.2.2. Validade interna e validade externa

A noção de validade tem vários aspectos. A validade interna refere-se ao facto da medida reflectir o conteúdo do conceito que

30 *Análise de Dados na Investigação em Psicologia*

pretendemos medir. Robert (1988) recenseia 12 factores susceptíveis de reduzir ou mesmo anular a validade interna de uma investigação (por exemplo, as expectativas do investigador e/ou do sujeito, as flutuações do instrumento de medição, os factores históricos, etc.). Por sua vez, a validade externa refere-se à possibilidade de generalizar as conclusões extraídas de uma investigação particular. Como é óbvio, só é relevante avaliar a validade externa de uma investigação se a sua validade interna foi julgada suficiente. No caso da validade externa, podemos distinguir, principalmente, a validade *amostral* e a validade *ecológica*.

2.2.2.1. *A validade amostral*

A validade externa de uma investigação encontra-se ameaçada se a amostra utilizada não for representativa da população em estudo. Para que o investigador possa aplicar os resultados da sua investigação à população-alvo, ele deve, portanto, identificar nela uma sub-população acessível e, idealmente, extrair ao acaso desta última os sujeitos que constituirão a amostra estudada. A extracção ao acaso dos sujeitos (ver 2.3.3.) assegura a constituição de uma amostra probabilista que permite a generalização dos resultados. Ou seja, qualquer elemento da população-alvo tem, à partida, a mesma probabilidade de vir a integrar a amostra estudada. No entanto, este procedimento é raramente utilizado na investigação em psicologia. Uma das razões para esse facto é que a investigação só pode ser realizada com sujeitos voluntários ou que consentem em participar na investigação.

2.2.2.2. *A validade ecológica*

Uma segunda ameaça à validade externa surge quando a situação de recolha dos dados não pode ser generalizada para a totalidade das situações às quais o investigador pretende aplicar os seus resultados. Isto não significa, por exemplo, que não seja possível observar os sujeitos em situações que não reproduzam fielmente outras situações da vida real (por exemplo, é o que se passa nos estudos laboratoriais). O que importa é que os sujeitos percepcionem o ambiente em que se encontram, durante a situação de observação, como tendo as características que o investigador pretende que estejam presentes.

A validade externa de uma investigação depende ainda de outros factores, como as características idiossincráticas do observador, ou o modo como operacionaliza os conceitos que pretende observar. Por outras palavras, a validade é o grau em que uma determinada medida pode ser considerada como estando relacionada com um determinado conceito, ou que um determinado método é adequado para verificar uma determinada teoria, ou que uma determinada amostra é representativa duma população. Uma forma de maximizar a validade externa de uma investigação é de respeitar o princípio de *triangulação*.

2.2.3. O princípio de triangulação

O princípio de triangulação foi introduzido nas ciências sociais por Denzin (1978). Segundo este autor, para melhorar a qualidade de uma investigação, deve-se recorrer a:

a) várias fontes de dados (triangulação de dados);

b) diferentes investigadores (triangulação de investigadores);

c) diversas perspectivas para interpretar os resultados (triangulação de teorias);

d) vários instrumentos para medir o fenómeno (triangulação de medidas);

e) diferentes métodos para estudar o problema (triangulação de métodos).

Vários planos de investigação respondem ao critério da triangulação de métodos. Pode-se notar que, segundo Tashakkori & Teddlie (1998), os métodos mistos foram precisamente desenvolvidos para respeitar o princípio de *triangulação*. A investigação que se baseia nos métodos mistos utiliza, sequencialmente ou paralelamente, os métodos qualitativos e os métodos quantitativos. São, contudo, apenas estes últimos que nos interessam aqui.

2.2.4. Os métodos quantitativos

Existem vários métodos de investigação que não estão ligados à utilização de um determinado tipo de instrumentos, mas que pretendem alcançar objectivos diferentes.

2.2.4.1. *O método observacional*

O método observacional pretende fornecer uma imagem precisa de um determinado fenómeno. Trata-se de um método puramente descritivo que permite estabelecer uma representação clara do fenómeno, e/ou sugerir hipóteses que poderão ser testadas posteriormente, e/ou ainda predizer um acontecimento com uma margem de certeza razoável (por exemplo, a frequência de acidentes de trabalho por turno).

2.2.4.2. *O método correlacional*

Com o método correlacional dá-se um passo em frente, procurando determinar se – e em que grau – dois acontecimentos se encontram relacionados (por exemplo, a capacidade de memorização e o sucesso escolar). Contudo, o facto de se verificar que dois acontecimentos variam em simultâneo não permite concluir que eles estão ligados por uma relação de causa-efeito, ou seja, inferir que um depende do outro. Esses dois acontecimentos podem, por exemplo, depender de um terceiro. Uma relação de causalidade entre acontecimentos só pode ser estabelecida através do método experimental. No entanto, existem casos em que não é possível recorrer a este método. É o caso, quando existem razões deontológicas ou outras que impedem a manipulação de certas variáveis (por exemplo, grau de doença, sexo). Nesse caso, é a própria natureza das variáveis estudadas que dita o recurso ao método correlacional.

2.2.4.3. *O método experimental*

O método experimental permite estabelecer relações de causalidade entre acontecimentos, ou seja, permite *explicar* o fenómeno estudado. Assim, o método experimental permite predizer o surgimento de um fenómeno. Esse método consiste em examinar o efeito de um ou mais factores considerados como causas de um fenómeno sobre a probabilidade de emergência desse fenómeno, o que leva, por um lado, a manipular certas variáveis e, por outro lado, a assegurar a validade interna do estudo (ver acima), através do controlo dos eventuais efeitos de todos os outros factores susceptíveis de influenciar o fenómeno estudado. É o preenchimento destas duas condições que permite ao investigador de estabelecer a relação de causa-efeito.

É frequente endereçarem-se críticas de artificialidade ao método experimental. Em geral, essas críticas baseiam-se na ideia de que aquilo que é observado experimentalmente tem pouco valor se não for, depois, reproduzido em meio natural. Este argumento, juntamente com a dificuldade de planificar e de realizar este tipo de estudos, leva bastantes investigadores a preferir o método correlacional, ganhando, assim, em facilidade de realização, mas perdendo poder explicativo.

O estudo das relações de causalidade entre acontecimentos requer distinguir entre variáveis *independentes* e variáveis *dependentes*.

2.2.5. Variáveis independentes e variáveis dependentes

Apesar das noções de variáveis independentes e variáveis dependentes parecerem familiares, é importante examinar com mais pormenor alguns dos seus aspectos.

2.2.5.1. Variáveis independentes

No sentido estrito, uma variável independente é uma característica *manipulada* pelo investigador. Ou seja, só um estudo experimental pode incluir uma variável independente (Robert, 1988). Contudo, no sentido lato, chama-se também variáveis independentes a algumas características presentes no ambiente social ou nos indivíduos (sexo, raça), cuja influência sobre um fenómeno é observada. Alguns autores distinguem, assim entre variáveis independentes de *tratamento*, ou *manipuladas* e variáveis independentes *naturais*, ou *de classificação* (existentes na natureza). O impacto das variáveis independentes de classificação é muitas vezes medido em estudos "quase-experimentais", ou seja estudos correlacionais concebidos segundo um modelo experimental. A impossibilidade de controlar o efeito de outras variáveis neste último tipo de estudos obriga a uma interpretação cautelosa dos resultados obtidos (ver Módulo 21).

2.2.5.2. Variáveis dependentes

O efeito da variável independente manifesta-se numa variação no fenómeno observado. É a medição desse efeito que constitui a variável *dependente*. A variável dependente deve ser definida cuidadosamente, dado que muitos dos fenómenos estudados em psicologia não podem ser medidos directamente (o autoritarismo, a inteligência, etc.) mas antes se traduzem de uma forma operacionalizada. Devemos notar que, de facto, um mesmo fenómeno pode ser medido de muitas formas. Por exemplo, a ansiedade pode ser medida através de um aparelho que fornece uma medida da reacção cutânea, através da resposta do sujeito numa escala, através da observação da expressão facial, etc.

2.2.5.3. *Relação entre variável dependente e variável independente*

Quando uma variável dependente (Y) está relacionada com uma variável independente (X), diz-se que $Y = f(X)$ (Y é função de X). Por exemplo, se se verificar que diferentes métodos de ensino produzem resultados escolares diferentes nos alunos do ensino primário, poder-se-á dizer que os resultados escolares são uma função do método de ensino.

Para cada valor da variável independente X, pode calcular-se, ou prever-se, o valor da variável dependente Y se a relação entre X e Y for conhecida. Eis um exemplo simples: se o preço que devo pagar no bar (Y) é função do número de cafés (X) que ofereço, então $Y = f(X)$. Imaginemos que o preço do café é 0.50€. Nesse caso, $Y = 0.50(X)$. Se ofereço:

um café,   X = 1, Y = 0.50€;
dois cafés,   X = 2, Y = 1.00€;
três cafés,   X = 3, Y = 1.50€;
etc.

É evidente que a avaliação da relação entre duas variáveis obtida através de técnicas estatísticas não permite conhecer o valor exacto da variável dependente, mas fornece um valor provável.

2.2.6. *Métodos quantitativos e análise estatística*

Os vários métodos quantitativos estão tipicamente associados a vários tipos de análise estatística. A análise mais simples consiste em descrever uma única característica num só grupo. O conjunto dos procedimentos disponíveis neste caso fazem parte da *análise descritiva univariada*.

No entanto, é pouco frequente que uma investigação sirva apenas para descrever *uma* característica em *um* grupo de sujeitos. É muito mais frequente que a investigação sirva para generalizar as conclusões extraídas a partir da observação desse grupo para uma população muito maior. É este o objectivo da *estatística inferencial*.

Para além disso, geralmente, quando planeamos uma investigação, procuramos relacionar a característica estudada com uma outra característica. Neste caso recorremos à *análise bivariada*. Há duas formas de análise bivariada:

a) a primeira, procura examinar a extensão da diferença entre dois grupos. Para isto, temos à disposição vários *testes de significância*;

b) a segunda, procura determinar se as características estão ligadas entre si, de tal forma que tendem a variar simultaneamente. Neste caso, podemos calcular vários *coeficientes de correlação*.

A distinção entre "estudar diferenças" e "estudar relações" nem sempre é clara, mas estas duas formas completam-se e permitem extrair as conclusões adequadas ao problema subjacente à construção de um plano de investigação.

Quando se pretende analisar as conexões existentes entre vários grupos e/ou várias características recorre-se à *análise multivariada*. Dentro da análise multivariada, são utilizados os *métodos indutivos* para gerar hipóteses através da análise de características que podem exprimir diferenças entre indivíduos, e do estabelecimento de relações entre estes conjuntos de características e os diferentes grupos estudados.

2.3. Populações e amostras

2.3.1. Definições

Em estatística, uma *população* refere-se não só a um grupo de pessoas mas a um grupo de qualquer coisa que nos interesse (animais, acidentes, medidas, etc.).

36 *Análise de Dados na Investigação em Psicologia*

Uma população é *finita*, quando os seus membros podem ser contados. Uma população é *infinita*, quando:

- os exemplares podem ser aumentados até ao infinito (por exemplo todos os resultados – cara ou coroa – em sucessivos lances duma moeda);
- o número de exemplares é demasiado grande para que todos os indivíduos sejam examinados (por exemplo a população da Europa).

Por causa da dimensão das populações, o investigador praticamente nunca pode produzir estatísticas baseadas sobre a totalidade de seus membros. Assim, ele vai seleccionar uma *amostra*, isto é, um determinado número de elementos desta população relativamente aos quais se recolhem efectivamente os dados.

Chama-se *amostragem* à operação que consiste em seleccionar um determinado número de elementos (uma amostra) no conjunto dos elementos que queremos observar ou tratar (a população).

Chama-se *efectivo* da amostra, ou da população, ao número de elementos que contém a amostra ou a população.

Designa-se por *parâmetro* qualquer valor que caracteriza a população (designado por uma letra grega, por exemplo, o efectivo é representado através da letra v), e por *estatística* qualquer valor que caracteriza a amostra (designado por uma letra romana, por exemplo, o efectivo é designado pela letra N).

2.3.2. As espécies de amostras

Podemos considerar várias espécies de amostras.

2.3.2.1. Amostras representativas e ocasionais

Uma amostra é:

- *a)* *ocasional* quando os indivíduos são extraídos da população segundo um método de selecção definido pelo investigador (por exemplo se utilizarmos uma turma para fazer uma investigação);
- *b)* *representativa* duma população quando todos os indíviduos pertencentes a essa população têm a mesma probabilidade de ser seleccionados;

c) *intencional* ou *empírica* quando existem razões suficientes para pensar que um grupo é representativo duma população e que tomamos o grupo como amostra.

2.3.2.2. Amostras emparelhadas e amostras independentes

Duas amostras são *independentes* quando os elementos de uma são independentes dos elementos da outra (é o caso quando comparamos, por exemplo, uma amostra de alunos Portugueses com uma amostra de alunos Suíços):

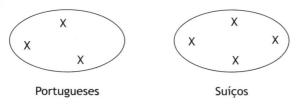

Duas amostras são *emparelhadas* quando cada dado de uma está relacionado com um dado da outra. Há duas espécies de grupos emparelhados:

a) os grupos formados pelos mesmos indivíduos observados em momentos diferentes (por exemplo, quando comparamos os resultados de alunos num pré-teste e num pós-teste):

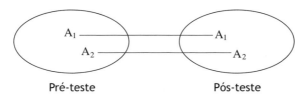

b) os grupos formados por indivíduos diferentes, mas escolhidos de tal modo que cada indivíduo dum grupo tenha o seu equivalente num outro grupo (por exemplo, quando fazemos corresponder as respostas dos maridos com as das respectivas esposas para comparar os resultados das mulheres com os resultados dos homens):

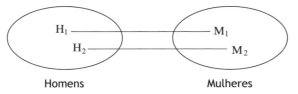

2.3.3. O processo de amostragem

Para que um método de amostragem conduza a uma amostra representativa, é preciso que todos os indivíduos da população tenham a mesma probabilidade de ser seleccionados. Existe dois processos principais de amostragem aleatória:

2.3.3.1. Amostragem aleatória simples

A amostragem aleatória simples consiste em extrair, ao acaso, da população estudada o número de elementos fixado como efectivo da amostra. Existem, para tal, vários métodos:

- *a*) **O método dos números aleatórios.** Se dispusermos de listas numeradas da população, podemos utilizar uma tabela de números aleatórios, seguindo, para efectuar a selecção, uma linha horizontal ou vertical a partir dum ponto qualquer da tabela. Podemos também utilizar a função "random" do computador.
- *b*) **O método do ponto aleatório.** Se dispusermos de listas da população, podemos marcar ao acaso um determinado número de nomes em cada página da lista da população.
- *c*) **O método da urna.** Com este método, numeramos cada elemento da população e escrevemos os números num pedaço de papel. Depois, tiramos ao acaso o número de elementos desejado.

Em princípio, a amostragem aleatória simples é o processo de amostragem mais adequado. Este processo de amostragem é muito útil na preparação de sondagens e inquéritos, mas nem sempre é fácil de realizar. Pode ser mais cómodo proceder a uma amostragem em várias etapas (*multi-stage cluster sampling*), em que se selecciona ao acaso um primeiro grupo de unidades e que se extrai destas unidades os elementos que constituem a amostra. Por exemplo, os psicólogos da educação podem proceder a uma amostragem aleatória de escolas, em seguida à selecção de turmas, e, por fim, à selecção de alunos dessas turmas.

2.3.3.2. Amostragem estratificada ponderada

Este método consiste em dividir, *a priori*, uma população em sub-populações (estratos) que difiram relativamente ao atributo que se pretende observar. Por exemplo, tencionamos interrogar uma amostra de alunos, tendo em conta a distribuição dos pais em diferentes categorias socio-económicas.

Dum modo geral, se a população for dividida em K estratos, devemos encontrar estes K estratos na amostra e os efectivos dos estratos da amostra devem ser proporcionais aos efectivos dos estratos correspondentes da população:

$$N_j/N = v_j/v$$

em que:

N_j = efectivo de um estrato da amostra

v_j = efectivo do estrato correspondente da população

N = efectivo total da amostra

v = efectivo da população

À primeira vista, pode parecer que o processo de amostragem estratificada ponderada será conveniente nas situações escolares, no entanto, a estrutura duma população pode ser muito complexa e determinados estratos podem ser muito pequenos. Além disso, o valor deste processo de amostragem reside na pertinência da estratificação.

2.3.3.3. Importância do processo de amostragem

O alcance das conclusões dum estudo estatístico é limitado pela qualidade do processo de amostragem.

Se a amostra for representativa duma população bem definida, as conclusões que daí podemos tirar aplicam-se a toda a população com uma margem de incerteza que se pode calcular com precisão no caso das amostras aleatórias.

De forma geral, pode dizer-se, em relação à amostragem, que é necessário evitar:

– os efectivos demasiado pequenos;
– a extracção selectiva dos elementos;

- a "mortalidade" importante dos elementos da amostra, ou seja, a perda de um grande número dos elementos escolhidos, devido, por exemplo, a não respostas num inquérito pelo correio;
- a "mortalidade" selectiva dos elementos da amostra, que pode, por exemplo, resultar de sujeitos ausentes na administração dum pós-teste, etc.

Relação entre amostra e população

O que é uma amostra grande? Qual a importância da dimensão da amostra? Será que a dimensão da população tem influência sobre o tamanho da amostra?

As respostas, mais uma vez, variam. A maioria dos autores insiste sobre o facto de uma amostra de maior efectivo conduzir a uma maior precisão; esta precisão não depende, contudo, do tamanho da população, visto que, a partir de um certo ponto, o aumento do efectivo da amostra não melhora muito a precisão. Alguns autores (Diamantopoulos & Schlegelmilch, 1997) acrescentam o papel da variabilidade na população: mais heterogénea a população, maior deverá ser a amostra para compreender toda a diversidade da população. A este respeito, é também importante tomar em consideração o número de sub-grupos que se quer comparar.

Por razões práticas (dinheiro, tempo, estatuto do investigador, etc.), é raro ver respeitada a regra de Sudman (1976): a amostra devia ser suficientemente grande para que haja 100 ou mais casos em cada grande categoria e 20 a 50 casos em cada sub-categoria. Tais razões práticas explicam também que seja raro os estudos basearem-se em amostras aleatórias, e que a maior parte utilize amostras ocasionais (Bryman & Cramer, 1992). No entanto, e supondo que as amostras são aleatórias, o número mínimo de elementos é muitas vezes imposto pelos próprios procedimentos estatísticos. Para Spiegel (1984), os testes paramétricos para grandes amostras requererem no mínimo 30 casos. A análise de variância, segundo Winer (1971) devia compreender de 10 a 20 casos por célula (ou condição experimental). Algumas técnicas multivariadas definem o número mínimo de casos em função do número de variáveis: na análise factorial em componentes principais a razão variáveis/sujeitos devia ser, no mínimo de 1:5, enquanto que na análise de regressão múltipla, ela devia ser de 1:20.

MÓDULO 3:

INTRODUÇÃO AO TRABALHO COM O SPSS

Neste módulo, sem entrar ainda nas análises estatísticas, descrevemos como trabalhar com um dos programas de análise de dados mais utilizados em ciências sociais: o SPSS. O SPSS, ou seja o *Statistical Package for the Social Sciences*", é um sistema integrado para analisar dados estatísticos. Tem-se desenvolvido durante muitos anos e conhecem-se várias versões, mais ou menos *"user-friendly"*. Neste módulo, descreve-se os ficheiros do SPSS, antes de apresentar como trabalhar com a versão 14.0 do programa.

3.1. Os ficheiros

Uma maneira simples de trabalhar com o SPSS para Windows, consiste em criar um *ficheiro de dados* e efectuar os tratamentos estatísticos através dos menus e "caixas de diálogo" propostos pelo programa. Esta maneira de proceder não é a única possível, mas é prática, segura e rápida. No Módulo 4, descreve-se a forma de constituir um ficheiro de dados.

Existem outros tipos de ficheiros: Se desejarmos conservar os resultados dos tratamentos efectuados – tabelas e gráficos – para uma consulta ulterior, podemos arquivá-los num *ficheiro de resultados*. Podemos também conservar os comandos utilizados para obter estes resultados, constituindo-se, para tal, um *ficheiro de comandos*. No Módulo 6, desenvolve-se a apresentação destes ficheiros.

O nome dum ficheiro, independentemente do seu tipo, é constituído por duas partes: o nome propriamente dito, que devia fazer referência à questão estudada e que pode ter até 8 caracteres; e a extensão, que diz respeito ao tipo de informações contidas, e que tem por convenção 3 caracteres. O nome está separado da extensão por um ponto. É importante referir-se que o SPSS para Windows não diferencia as maiúsculas das minúsculas (fich.doc = FICH.DOC = Fich.Doc). As extensões que vamos utilizar são as seguintes: *.sav* para os ficheiros de dados, *.sps* para os ficheiros de comandos e *.spo* para os ficheiros de resultados.

3.2. O programa SPSS

3.2.1. Entrar e sair do SPSS

Quando se trabalha num computador pessoal, basta clicar duas vezes no ícone do SPSS para entrar no programa. Ao entrar, abre-se uma janela do Editor de Dados, conforme a Figura 3.1:

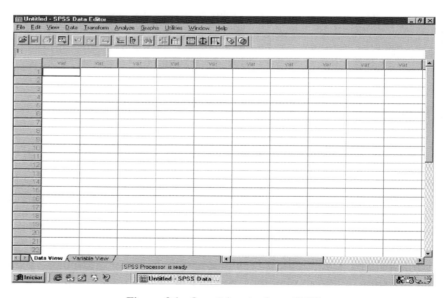

Figura 3.1: *O ecrã à entrada no SPSS*

Para sair do SPSS para Windows, basta:
– clicar sobre o menu *File* da barra do menu principal do SPSS
– clicar sobre a opção *Exit* do menu File

Antes de fechar, o programa pergunta se queremos arquivar o conteúdo de cada janela aberta. Se for esse o caso, clicamos sobre "yes", se não, sobre "no".

A maior parte das operações são efectuadas fazendo selecções a partir de menus. À medida que o programa se desenvolveu, as diferentes versões foram-se tornando progressivamente mais sofisticadas, e o "sistema das janelas" ganhou em importância, o que obriga a começar por este aspecto.

3.2.2. As janelas

Existem vários tipos de janelas no SPSS:

- **O Editor de Dados.** Esta janela, que se abre automaticamente quando se inicia o programa (ver Figura 3.1), apresenta o conteúdo dos ficheiros de dados. Permite criar novos ficheiros de dados, abrir – e eventualmente modificar – ficheiros existentes.
- **O Viewer.** Esta janela apresenta todos os resultados estatísticos, inclusive os quadros e os gráficos. Abre-se automaticamente na primeira vez em que se corre um procedimento.
- **O Viewer "de rascunho" (Draft Viewer).** Pode ser utilizado em vez do Viewer para obter uma apresentação mais simples dos resultados.
- **O Editor de Quadros**. Pode ser aberto a partir dum quadro apresentado no Viewer. Permite modificar os quadros (editar texto, inverter linhas/colunas, adicionar cor, esconder resultados, etc.).
- **O Editor de Gráficos.** Pode ser aberto a partir dum gráfico apresentado no Viewer. Permite modificar e melhorar de várias formas os gráficos.
- **O Editor de Texto.** O texto não inserido em quadros pode ser modificado, a partir do Viewer. Assim, pode-se formatar os caracteres utilizados (tipo, cor, tamanho, etc.).
- **O Editor de Sintaxe.** Nesta janela pode-se criar novos ficheiros de sintaxe ou abrir – e eventualmente modificar – ficheiros existentes.
- **O Editor de Script.** Utiliza-se para personalizar e automatizar algumas tarefas do SPSS.

Cada janela tem a sua própria barra de menu, que permite executar os procedimentos adequados, mas todas contêm as opções *Analyze* and *Graphs*.

Cada janela tem também a sua própria "barra de ferramentas", que permite executar rapidamente algumas tarefas frequentes. Quando o cursor está colocado num dos ícones da barra, aparece no ecrã a descrição sucinta da tarefa.

Cada janela tem, ainda, uma "barra de estatuto" na sua parte inferior. Consiste num espaço em que aparecem algumas indicações sobre os procedimentos que estão a decorrer.

Quando temos várias janelas abertas, as informações são dirigidas para a janela "designada". Esta é indicada por um ponto de exclamação (!) na "barra de estatuto".

3.2.3. *Menu principal*

A barra de menu do Editor de Dados (ver Figura 3.1) contém dez menus, cuja utilização principal pode ser brevemente descrita da maneira seguinte:

- **File**. Utiliza-se para criar e arquivar um novo ficheiro, ou abrir um ficheiro que já foi constituído e arquivado.
- **Edit**. Utiliza-se para apagar, modificar ou copiar texto nos ficheiros de resultados ou de comandos.
- **View.** Utiliza-se para definir a apresentação do ecrã e dos dados. Permite, entre outras operações, passar da visualização dos valores dos dados à visualização dos seus rótulos.
- **Data**. Utiliza-se para manipular os ficheiros de dados, por exemplo para efectuar uma selecção de casos para uma análise. As modificações não são definitivas enquanto não são arquivadas.
- **Transform**. Utiliza-se para modificar variáveis ou criar novas variáveis. As modificações não são definitivas enquanto não são arquivadas.
- **Analyze**. Utiliza-se para todos os tipos de tratamentos estatísticos.
- **Graphs**. Utiliza-se para criar vários tipos de gráficos.
- **Utilities**. Utiliza-se para obter informações sobre os ficheiros de dados ou sobre os comandos do SPSS.

- **Window**. Utiliza-se para manipular as janelas no ecrã.
- **Help**. Utiliza-se par abrir o menu de ajuda do SPSS.

As barras de menu das outras janelas têm opções, semelhantes ou diferentes. Mais adiante apresentaremos as mais importantes.

3.2.4. *A sessão de trabalho*

Quando queremos efectuar um tratamento de dados com o SPSS, a sessão de trabalho segue, mais ou menos, as fases seguintes.

3.2.4.1. *Iniciar a sessão*

Para chamar o programa SPSS, já vimos que basta clicar duas vezes no ícone do SPSS.

3.2.4.2. *Escolher um ficheiro de dados*

O ficheiro de dados pode ser criado ou aberto, se já foi constituído e arquivado numa sessão anterior.

Para criar um ficheiro de dados, devemos introduzir os dados na janela de aplicação que se abre automaticamente quando se entra no SPSS, definindo as variáveis, segundo os procedimentos descritos no Módulo 4.

Para abrir um ficheiro de dados que já existe:

– clicar no menu *File* da barra do Editor de Dados
– clicar em *Open* no menu *File*
– clicar em *Data* no submenu *Open File*. Esta operação abre uma caixa de diálogo (ver Figura 3.2) em que se deve seleccionar:
  * o nome do ficheiro
  * o local onde ele se encontra (directório e unidade)
  * a tecla *OK* para confirmar a escolha efectuada

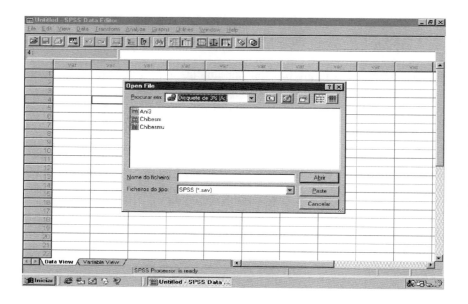

Figura 3.2: *O submenu* **Open File**

3.2.4.3. Arquivar o ficheiro criado ou modificado

Para que os ficheiros criados sejam conservados, ou para que as modificações efectuadas nos ficheiros abertos sejam salvas, é preciso arquivá-los. Isto faz-se do seguinte modo:

– clicar no menu *File* da barra do menu principal
– clicar em *Save As* no menu *File*. Esta operação abre uma caixa de diálogo.

Se o ficheiro acaba de ser criado, deve escrever-se um nome (oito caracteres, que serão automaticamente seguidos da extensão *sav*). Se já existia, deve seleccionar-se:

– o nome do ficheiro
– o local onde ele se encontra (directório e unidade)

– a tecla *OK* para confirmar a escolha efectuada

3.2.4.4. *Escolher o procedimento estatístico*

Escolhe-se no menu *Analyze* o procedimento estatístico dese-jado (ver Módulo 6). Os resultados aparecem na janela do *Viewer*. Pode ser necessário utilizar as setas do lado direito para subir ou descer nesta janela, que pode ser também redimensionada.

3.2.4.5. *Arquivar o ficheiro de resultados*

Para arquivar os resultados, utilizar o procedimento descrito em 3.2.4.3. Ao nome do ficheiro será automaticamente acrescentada a extensão *spo*.

Em regra geral, é aconselhável modificar a apresentação do ficheiro de resultados antes de o arquivar e, sobretudo, antes de o mandar imprimir.

3.2.4.6. *Imprimir*

Para imprimir um ficheiro:

– tornar activo o ficheiro a imprimir
– clicar no menu *File* da barra do menu principal
– clicar em *Print* no menu *File*

Surge então uma caixa de diálogo que permite imprimir o ficheiro na sua totalidade ou apenas uma área seleccionada.

3.2.4.7. *Encerrar a sessão*

Para encerrar a sessão de trabalho, utilizar o procedimento des-crito em 3.2.1.

MÓDULO 4:

OS FICHEIROS DE DADOS NO SPSS

Neste módulo, descrevemos como preparar os dados e constituir um ficheiro de dados com o programa de análise de dados SPSS para Windows, na versão 14.0. De seguida, indicamos como modificar estes ficheiros, visualizar o conteúdo de ficheiros de dados fechados, antes de propor um exercício prático.

4.1. A preparação dos dados

Antes de criar um ficheiro de dados, é preciso preparar os dados, ou seja, é necessário codificá-los. Chama-se codificação ao processo que consiste em atribuir um valor numérico aos dados recolhidos, que podem ser de diferentes tipos. Distinguem-se várias maneiras de proceder à codificação, associadas ao modo de recolha dos dados.

4.1.1. *Questões fechadas*

Quando se utilizam questionários com questões fechadas, os valores a atribuir às respostas foram já previstos. É este o caso das:

a) questões de escolha múltipla, do tipo:

Em geral, voto	CDS/PP	0
	PSD	0
	PS	0
	CDU	0
	Outro	0

50　　　*Análise de Dados na Investigação em Psicologia*

Codifica-se 1 quando uma cruz se encontra na primeira linha, 2 para uma cruz na segunda linha, etc.

b) escalas de opinião, como:

Acho que o problema das propinas é:　　　-2　-1　0　+1　+2

-2 nada importante
-1 pouco importante
 0 mais ou menos importante
+1 bastante importante
+2 muito importante

Nestes casos, é costume atribuir valores positivos aos escalões, começando por 1 (por exemplo: -2 $\Rightarrow$ 1, -1 $\Rightarrow$ 2, etc).

4.1.2. *Questões abertas*

Quando os sujeitos respondem livremente às questões (questões abertas), o leque das respostas não está previsto. Se o nível de medida for métrico (por exemplo a idade, o salário), os valores recolhidos são reais, não sendo necessária a codificação das respostas.

No entanto, se o nível de medida não for métrico, deve ser feita uma codificação em função das respostas recolhidas. Procede-se então a uma classificação das respostas obtidas, que pode ser mais ou menos fina, segundo os objectivos da investigação. Qualquer que seja o grau de precisão adoptado, as categorias devem ser bem definidas, mutuamente exclusivas, e exaustivas de forma a incluir todas as respostas possíveis. Uma vez efectuada a classificação, é atribuído, de forma arbitrária, um código a cada categoria, de modo a permitir o tratamento estatístico.

4.1.3. *Folha de codificação*

Para evitar que surjam problemas durante a introdução dos dados no ficheiro respectivo, é aconselhável que se estabeleça previamente uma folha de codificação. Esta folha indicará:

– a coluna em que cada uma das variáveis vai ser introduzida no ficheiro de dados (número da variável)

Módulo 4: Os Ficheiros de Dados no SPSS

– o nome das variáveis (abreviação até 8 caracteres)
– o nome por extenso das variáveis (rótulo da variável)
– a explicitação de todos os códigos previstos para cada variá-vel (rótulos dos valores)
– o valor atribuído aos dados omissos

Exemplo:

Perguntou-se a um grande número de pessoas dos dois grupos sexuais qual o seu salário mensal. Eis algumas das respostas:

1. mulher	700 €
2. mulher	800 €
3. homem	1250 €
4. mulher	1000 €
5. homem	1500 €
6. homem	1750 €

Eis a forma que terá, por conseguinte, a folha de codificação relativa a estes dados:

Coluna	Variável	Rótulo da variável	Rótulo dos valores	Valores omissos
1	nsuj	número do sujeito		
2	sx	sexo	1 = masculino	9
			2 = feminino	
3	sal	salário mensal (em euros)		9999

Uma vez preparada a introdução dos dados na folha de codifi-cação, podemos criar o ficheiro de dados.

4.2. Constituição do ficheiro de dados

Em comparação com as versões anteriores, a versão 14.0 do SPSS simplifica sensivelmente a entrada dos dados.

4.2.1. *Visualizar os valores ou as variáveis*

Quando iniciamos uma sessão de SPSS, o Editor de Dados, que se abre automaticamente, permite visualizar de duas formas diferentes o ficheiro de dados:

- **Data View.** Mostra os valores numéricos dos dados entrados, ou os rótulos que os definem (pode se escolher a apresentação no menu "View").

- **Variable View.** Mostra as definições das variáveis.

No "visualizador de dados", que aparece no ecrã quando se inicia o programa (cf. Figura 3.1), os casos (por exemplo os sujeitos) são apresentados em linha e as variáveis (as observações) em coluna. Cada célula contém o valor de uma observação para um caso. Não há células vazias dentro do ficheiro: os "brancos"[1] são transformados em "valores omissos do sistema" (representados por vírgulas). Os limites do ficheiro são determinados pelo número de casos e pelo número de variáveis: cada valor introduzido além destes limites, cria uma nova linha ou uma nova coluna, que se tornam parte do ficheiro.

Pode-se adicionar, modificar ou apagar informações em ambos os "visualizadores". No entanto, quando se constitui um ficheiro de dados, temos que começar por definir as variáveis em modo de "visualização de variáveis" (Variable View).

4.2.2. *Definir as variáveis*

Em modo de "visualização das variáveis", pode-se registar as informações em linha ou em coluna. Com a ajuda das setas de direcção ou do rato, colocar o cursor na célula no cruzamento da primeira

---

[1] Para as variáveis alfanuméricas, um branco é um valor válido.

Módulo 4: Os Ficheiros de Dados no SPSS 53

linha e da primeira coluna e introduzir as informações previstas na folha de codificação, seguindo as indicações dadas na cabeça das colunas.

4.2.2.1. *Denominar as variáveis*

Na coluna "Name", introduzir o nome da variável. Existem algumas regras a respeitar:

- o nome deve começar por uma letra
- o nome não pode acabar por um ponto
- o nome não pode ter mais do que 8 caracteres
- cada variável deve ter um nome diferente (o SPSS não faz diferenças entre maiúsculas e minúsculas, isto é Nsuj = nsuj).

4.2.2.2. *Definir o tipo das variáveis*

Por defeito, o SPSS assume que todas as variáveis são numéricas, isto é, são representadas por códigos na forma de algarismos. É esta a maneira de codificar os dados que utilizamos. Podemos no entanto modificar esta informação, carregando no três pontos (...) que aparecem à direita da coluna quando a célula está activa, ou seja quando se clica na célula com o rato.

4.2.2.3. *Definir o formato das variáveis*

Nas colunas "Width" (largura) and "Decimals" (decimais) pode-se modificar o formato de apresentação da variável, visto que, por defeito, todas as variáveis têm 8 caracteres e duas posições decimais. Introduz-se na coluna *Width* o número máximo de algarismos que a variável contém e na coluna *Decimals* o número de posições decimais que queremos ver. Note-se que o SPSS continua a conservar em memória e a trabalhar com o valor integral da variável.

4.2.2.4. *Atribuir um rótulo às variáveis*

Na coluna "Label", pode-se explicitar o nome da variável definido na folha de codificação. Podem ser introduzidos até 120 caracteres. Nos rótulos, podem ser colocados acentos, maiúsculas, etc, visto que o texto aparece exactamente como foi introduzido.

4.2.2.5. Atribuir rótulos aos valores das variáveis

Para definir as categorias representadas pelos códigos atribuídos a uma variável na folha de codificação, deve-se clicar na célula "Values", e nos três pontos que aparecem à sua direita. Abre-se assim a caixa de diálogo *Value Labels* (Ver Figura 4.1). Os rótulos dos valores podem ter até 60 caracteres. Para introduzir os rótulos é necessário:

– introduzir o valor do primeiro código na caixa de texto ao lado de *Value* (por exemplo, no caso duma variável dicotómica como o sexo, 1)
– introduzir o rótulo do valor (por exemplo: masculino) ao lado de *Value Label*
– clicar em *Add*. O rótulo aparece na lista
– executar as mesmas operações com o valor 2.

Em caso de engano, o rótulo pode ser modificado ou retirado, utilizando respectivamente as teclas *Change* ou *Remove*.

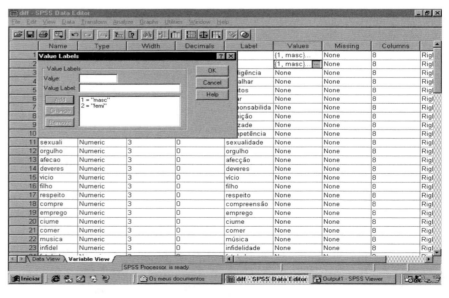

Figura 4.1: *A sub-caixa de diálogo* **Value Labels**

4.2.2.6. Definir os valores omissos

Quando faltam observações numa variável, é escolhido pelo investigador um valor de substituição, de entre os números que não são utilizados na codificação. Este valor é atribuído à observação e introduzido no ficheiro de dados. Para que este valor não seja utilizado nos cálculos, deve ser definido nos *valores omissos do utilizador* (não confundir com os valores omissos do sistema, que substituem os "brancos" das células numéricas).

Para definir os valores omissos, clica-se na célula "Missing" e nos três pontos (...) que aparecem à sua direita. Abre-se assim a caixa de diálogo *Missing Values*.

Clica-se de seguida em *Discrete missing values* e introduz-se o valor escolhido na primeira caixa de texto por baixo de *Discrete missing values*. As indicações são introduzidas na célula quando se clica em *OK*.

É importante notar que a versão 14.0 do SPSS prevê a possibilidade de utilizar vários códigos para definir os dados omissos. Estas opções são interessantes dado que diversas razões podem explicar a presença de dados omissos, podendo ser útil registar essas razões. Smithson (2000) assinala, por exemplo, que um dado omisso pode significar que:

– um sujeito se recusou a responder à questão colocada
– a questão não se aplicava ao sujeito
– o sujeito não percebeu o que se pretendia que ele fizesse
– é impossível compreender a resposta do sujeito
etc.

Sempre que existem dados omissos, deve proceder-se à sua análise: por um lado, o facto de faltar informação pode enviesar os resultados; por outro lado, a identificação de um padrão de dados omissos pode constituir, em si mesmo, um resultado relevante do estudo.

4.2.2.7. Definir o formato das colunas

A apresentação da variável na coluna pode também ser definida pelo utilizador, escolhendo na coluna *Column* a largura desejada da coluna, e na coluna *Align* o alinhamento dos dados nessa coluna (à direita, à esquerda, centrados).

Note-se que o tamanho da coluna não é a mesma coisa que o tamanho da variável definida na coluna *Width* (ver 4.2.2.3). Como é óbvio, o tamanho da coluna deve ser superior ou pelo menos igual ao da variável.

4.2.2.8. *Definir o nível das variáveis*

Por defeito, o SPSS assume que as observações introduzidas são medidas métricas ("scale"). Pode-se escolher outras opções (isto é, pode-se seleccionar o nível ordinal ou nominal), clicando na célula *Measure*.

Uma vez definidas as variáveis, verificar que o ficheiro foi arquivado e introduzir os dados passando ao modo de "visualização dos dados" (Data View).

4.2.3. **Entrar os dados**

No modo de "visualização dos dados" (Data View), os valores podem ser introduzidos através das colunas ou das linhas. Com a ajuda das setas de direcção ou do rato, colocar o cursor na célula do cruzamento da primeira linha e da primeira coluna e introduzir o valor adequado. Com a ajuda da tecla <RETURN> ou das setas de direcção ou, ainda, do rato, deslocar o cursor para a célula seguinte, à direita ou em baixo, e continuar, desta forma, a introdução dos dados.

4.3. Editar os dados

Com o Editor de Dados, um ficheiro de dados pode ser modificado de várias maneiras. Podem modificar-se os valores introduzidos, assim como os casos e as variáveis.

4.3.1. *Modificação dos valores*

Podemos mudar, apagar, copiar ou deslocar os valores dos dados no Editor de dados.

Mudar:
- clicar com o rato na célula a modificar
- entrar o novo valor
- premir <RETURN>; o novo valor substitui o antigo.

Copiar:
- clicar na célula em que se encontra o valor a copiar; a célula fica seleccionada
- clicar na barra do menu principal *Edit*, e no menu *Edit*: *Copy*
- clicar a célula em que se deve copiar o valor
- clicar na barra do menu principal *Edit*, e no menu *Edit*: *Paste*.

Apagar:
- clicar a célula em que se deve apagar o valor
- clicar na barra do menu principal *Edit*, e no menu *Edit*: *Cut*.

Deslocar:
- clicar a célula em que se encontra o valor a deslocar
- clicar na barra do menu principal *Edit*, e no menu *Edit*: *Cut*
- clicar a célula em que se deve copiar o(s) valor(es)
- clicar na barra do menu principal *Edit*, e no menu *Edit*: *Paste*.

4.3.2. Modificação dos casos

Podemos também acrescentar ou apagar casos (sujeitos):

Acrescentar:
- seleccionar uma célula na linha abaixo da posição onde o novo caso deve ser inserido
- clicar na barra do menu principal *Edit*, e no menu *Edit*: *Insert Cases*. É inserida uma nova linha e todas as variáveis recebem o valor omisso do sistema.

Apagar:
- clicar no número do caso que deve ser apagado; a linha fica seleccionada
- clicar na barra do menu principal *Edit*, e no menu *Edit*: *Clear*. O caso é eliminado e os casos em baixo sobem.

4.3.3. *Modificação das variáveis*

Podemos ainda inserir ou apagar variáveis, modificar a ordem de apresentação das variáveis ou a definição das variáveis.

Inserir uma nova variável:

– seleccionar uma célula na coluna à direita da posição onde a nova variável deve ser inserida
– clicar na barra do menu principal *Edit*, e no menu *Edit*: *Insert Variable*. Uma nova coluna é inserida e todos os casos recebem o valor omisso do sistema.

Apagar uma variável:

– clicar no nome da variável que deve ser retirada; a coluna fica seleccionada
– clicar na barra do menu principal *Edit*, e no menu *Edit*: *Clear*. A variável é eliminada e as variáveis à direita retrocedem uma coluna.

Modificar a ordem:

– inserir uma nova variável na posição para onde a variável deve ser deslocada (ver acima)
– clicar no nome da variável que deve ser deslocada; a coluna fica seleccionada
– clicar na barra do menu principal *Edit*, e no menu *Edit*: *Cut*. A variável é eliminada e as variáveis à direita retrocedem uma coluna
– clicar no nome da nova variável que foi inserida; a coluna fica seleccionada
– clicar na barra do menu principal *Edit*, e no menu *Edit*: *Paste*. A variável é "colada" no espaço previsto.

Modificar a definição duma variável:

– clicar duas vezes no nome da variável acima da coluna; abre-se o visualizador das variáveis
– efectuar as modificações desejadas.

4.4. Visualizar o conteúdo de um ficheiro

Pode-se visualizar o conteúdo de um ficheiro que não está aberto:
- clicar no menu *File* da barra do menu principal
- clicar em *Display Data Info.*

Na caixa de diálogo que se abre introduz-se o nome do ficheiro que queremos examinar e clicar em *Abrir.*

O programa apresenta o número de casos e de variáveis no ficheiro, assim como toda a informação introduzida na definição das variáveis.

4.5. Exercício

Ficha 1: Constituição dum ficheiro de dados

Antes de apresentar a análise estatística com o SPSS, vamos ver, de forma teórica, quais são os procedimentos que fazem parte da estatística descritiva univariada.

MÓDULO 5:

ESTATÍSTICA DESCRITIVA UNIVARIADA

Esta parte da estatística procura somente descrever e analisar uma única característica relativa a um único grupo, sem retirar quaisquer conclusões ou inferências sobre um grupo maior.

5.1. Organização dos dados

Os dados recolhidos nos inquéritos ou estudos experimentais devem ser organizados para serem interpretados. Um primeiro passo consiste em classificá-los nas diferentes categorias da variável. O número de dados que pertencem a cada uma das classes é denominado *frequência da classe*.

O arranjo dos dados por classes, juntamente com as frequências correspondentes, é denominado *distribuição de frequências*. A tabela de frequências apresenta simplesmente o número de casos que se encontram em cada classe da variável.

Quadro 5.1: *Distribuição dos sujeitos por sexo*

Sexo	f
Masculino	7
Feminino	3
Total	10

classes ⇒ (da variável) ⇐ número de sujeitos em cada classe

Para determinar a importância relativa de uma categoria podemos calcular as *frequências relativas*, o que consiste em exprimir as frequências sob a forma de percentagens.

Quadro 5.2: *Distribuição dos sujeitos por sexo*

Sexo	f	%
Masculino	7	70
Feminino	3	30
Total	10	100

Se os dados são ordinais ou métricos faz sentido, além de calcular as frequências absolutas ou relativas, adicionar as frequências, começando geralmente por somar as frequências a partir das classes inferiores. As frequências assim determinadas designam-se *frequências acumuladas*. A frequência acumulada de uma classe é a frequência efectiva dessa classe adicionada às frequências de todas as classes precedentes. Podemos também somar as frequências a partir das classes superiores para obter as frequências acumuladas inversas.

Quadro 5.3: *Distribuição de 40 famílias por número de filhos*

Número de filhos	f	%	% ac
0	3	7.50	7.50
1	5	12.50	20.00
2	15	37.50	57.50
3	10	25.00	82.50
4	7	17.50	100.00
Total	40	100.00	

5.2. Representação gráfica

Em vez de apresentar uma distribuição na forma de um quadro, podemos apresentá-la graficamente. Quando se trata duma variável nominal, utiliza-se dois tipos de gráficos: o diagrama circular e o gráfico de barras.

O diagrama circular apresenta a distribuição dos dados por um círculo dividido em tantos sectores quantas classes existentes.

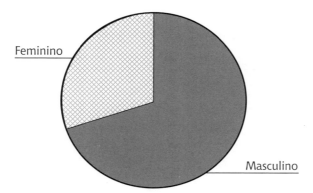

Figura 5.1: *Distribuição dos sujeitos por sexo*

O gráfico de barras é constituído por rectângulos separados que representam as frequências ou percentagens de cada classe da variável.

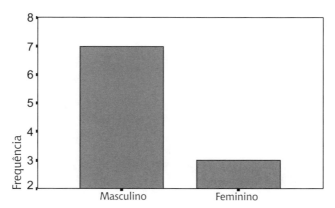

Figura 5.2: *Distribuição dos sujeitos por sexo*

Quando os dados são ordinais ou métricos, podemos utilizar outros tipos de gráficos: o polígono de frequências, o polígono de frequências acumuladas (ogiva), o polígono de frequências acumuladas relativas (ogiva percentual), bem como o histograma, que é um gráfico de barras em que os rectângulos que representam as classes da variável são contíguos.

Num polígono de frequências, um ponto representa a frequência de cada classe e ligam-se os pontos por segmentos de recta.

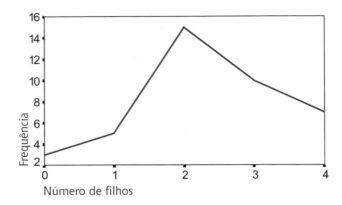

Figura 5.3: *Distribuição de 40 famílias por número de filhos*

Num polígono de frequências acumuladas (ogiva) um ponto representa a frequência acumulada de cada classe e ligam-se os pontos por segmentos de recta.

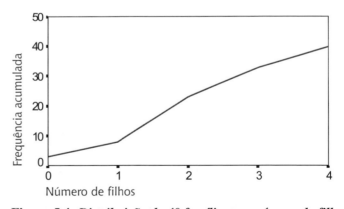

Figura 5.4: *Distribuição de 40 famílias por número de filhos*

Quando uma variável tem um grande número de valores, os dados têm de ser agrupados. Seria o caso, por exemplo, se medíssemos a estatura dum grupo de alunos, e obtivéssemos valores compreendidos entre 150 e 180 cm.

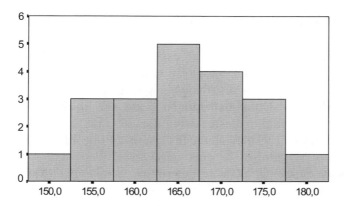

Figura 5.5: *Estaturas dos 20 alunos duma turma*

Tabelas e gráficos

A ideia de que se deve embelezar os gráficos circulares, de barras, histogramas, com o uso de cores ou de padrões de desenho diferentes é largamente difundida mas inexacta. Com efeito, Smithson (2000) apresenta vários exemplos do modo como estas adjunções podem levar a que duas superfícies iguais pareçam diferentes. Por isso, aconselha-se de restringir o uso de cores e de padrões de desenho ao que é estritamente necessário para tornar os resultados legíveis.

De forma semelhante, os gráficos de linhas podem sugerir efeitos diferentes pela simples modificação das escalas utilizadas nos eixos horizontal e vertical. Embora os gráficos facilitem notavelmente a apresentação e a compreensão dos resultados – sobretudo quando se utilizam métodos indutivos para organizar grandes conjuntos de dados –, as distorções que podem resultar do seu emprego explicam que quase todas as revistas científicas exigem a apresentação dos valores numéricos juntamente com as representações gráficas.

5.3. Medidas de tendência central

Não se pode utilizar muitas estatísticas para descrever a distribuição de frequências de variáveis nominais. Só podemos determinar a *moda* (Mo) destas distribuições, que é a classe com a frequência mais elevada. Uma distribuição pode ser unimodal, mas pode também ser bimodal e neste caso, a moda não é uma medida de tendência central. Existem ainda distribuições que não têm moda.

Quando os valores de uma variável são ordenados por ordem de grandeza crescente, pode-se determinar a *mediana* (Md). A mediana é o valor que divide a distribuição exactamente em duas partes iguais (há tantas observações superiores à mediana como observações inferiores). Se o número de casos for impar, a mediana é o valor da observação de ordem $(N + 1)/2$. Se o número de casos for par, a mediana é a média dos valores das duas observações centrais, $N/2$ e $N/2 + 1$.

A *média aritmética* ($\overline{X}$) é a medida de tendência central mais importante para descrever uma variável métrica. É o quociente da soma dos resultados (ΣX) pelo número de casos (N): $\overline{X} = \Sigma X/N$.

5.4. Medidas de dispersão

Se as medidas de tendência central mostram o que é mais típico num conjunto de observações, as medidas de dispersão evidenciam as diferenças. No caso das variáveis nominais, não sabemos, com a determinação da moda, se os dados são muito ou pouco dispersos. Intuitivamente podemos dizer que a dispersão tenderá a ser maior, quanto maior for o número de classes, e se as observações se repartirem igualmente por todas as classes. Há cálculos que permitem determinar a dispersão (a "entropia"[1]) mas eles raramente são efectuados. Twaite & Monroe (1979) sugerem calcular um índice que indica a maneira como as observações são agrupadas na moda e que consiste em calcular a proporção de dados na classe modal e subtrair esta proporção de 1.00.

---

[1] Ver, por exemplo, Galvão de Mello, F. (1993). *Probabilidades e estatística: conceitos e métodos fundamentais*. Lisboa: Escolar Editora.

Quando os valores de uma variável são ordenados por ordem de grandeza, pode-se descrever a dispersão da distribuição indicando o valor mínimo e o valor máximo. Por extensão do conceito de mediana, pode-se ainda determinar os 3 valores, representados por Q_1, Q_2, Q_3, que dividem as observações em quatro partes iguais, que compreendem cada uma 25% do efectivo total, e que se denominam, respectivamente, primeiro, segundo e terceiro *quartil*.

Assim, para alguns autores (Moore, 1997), são cinco os valores que melhor resumem uma variável (apesar de não serem os mais comuns):

Mínimo Q_1 Md Q_3 Máximo

Este resumo pode ser graficamente representado por um novo gráfico: o *boxplot*, em que a caixa central é limitada por Q_1 e Q_3, os dois traços nos extremos representam o mínimo e o máximo (à excepção dos valores extremos), e o traço central, na caixa, a mediana.

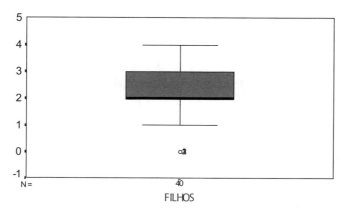

Figura 5.6: *Boxplot. Famílias em função do número de filhos*

Se os intervalos entre os valores ordenados são iguais, pode-se determinar a amplitude da dispersão. A diferença entre o valor máximo e o valor mínimo chama-se *amplitude total* da distribuição. Esta medida tem uma desvantagem: baseia-se nos dois valores extre-

68   *Análise de Dados na Investigação em Psicologia*

mos que, em certos casos, podem dar uma ideia pouco precisa da dispersão do conjunto dos dados. A diferença entre Q_3 e Q_1 – que inclui a metade central da distribuição – é designada por *amplitude interquartílica*.

As medidas de amplitude são baseadas em dois valores da distribuição. Para colmatar esta desvantagem, podemos recorrer a outras medidas de dispersão que têm em conta a totalidade dos dados. Estas medidas, que se podem calcular apenas com variáveis métricas, exprimem o grau de dispersão dos valores em torno da média.

O *desvio médio*, ou desvio absoluto médio, é a média aritmética dos desvios absolutos em relação à média. Soma-se a distância (em valor absoluto) de cada observação em relação à média, e divide-se esta soma pelo número de observações, aplicando a fórmula seguinte: $DM = \Sigma(|X - \overline{X}|)/N$. É necessário transformar o valor real dos desvios em valor absoluto, visto que a soma dos desvios em relação à média é, por definição, igual a zero.

O desvio médio é um índice pouco utilizado. Esta medida tem o inconveniente de atribuir tanto peso aos dados mais extremos como aos mais centrais. Para suprimir a nulidade da soma dos desvios, é preferível elevar os desvios ao quadrado. Assim, é a soma dos quadrados dos desvios que é utilizada na fórmula da variância.

Chama-se *variância* (s^2) à média da soma dos quadrados dos desvios. Existem duas fórmulas da variância: $s^2 = \Sigma(X - \overline{X})^2/N$ ou $s^2 = \Sigma(X - \overline{X})^2/N - 1$. A segunda fórmula deve ser utilizada quando precisamos inferir a variância da população ou quando $N < 30$. Nesta fórmula, $N - 1$ representa o número de graus de liberdade da amostra [2].

As duas fórmulas indicadas são fórmulas "definicionais" visto que demonstram como se determina a variância. Existem outras fórmulas (fórmulas computacionais), mais simples e muitas vezes mais precisas, para o cálculo da variância, que devem ser empregues sobretudo quando temos um número elevado de dados. Uma fórmula muito útil é: $s^2 = (\Sigma X^2 - [(\Sigma X)^2/N]) / (N-1)$.

---

[2] Chama-se número de *graus de liberdade*, ao número dos valores da distribuição que podem ser aleatórios porque não são determinados pela situação. Assim, se $\Sigma f = N$, a frequência da última classe não pode ser aleatória visto que a soma das frequências deve ser igual ao efectivo total. O número de graus de liberdade da amostra é então igual a $N - 1$.

A variância é uma boa medida de dispersão mas tem o inconveniente de não ser expressa nas mesmas unidades que os dados. Por isso, o índice de dispersão mais vulgar é o *desvio-padrão*, que se obtém calculando a raiz quadrada da variância: $s = \sqrt{s^2}$.

5.5. Medidas da forma da distribuição

A média aritmética e a variância estão associadas a uma série de estatísticas descritivas chamadas *momentos*[3].

Define-se o *momento de ordem r em relação a uma origem A* como equivalente a:

$$m'_r = \frac{\sum (X - A)^r}{N}$$

Se fizermos A igual à média aritmética, temos o momento central de ordem r:

$$m_r = \frac{\sum (X - \overline{X})^r}{N}$$

Distinguimos 4 momentos em relação à média:

1. O momento central de primeira ordem é igual a zero:

$$m_1 = \frac{\sum (X - \overline{X})^1}{N} = 0$$

2. O momento central de segunda ordem é a variância:

$$m_2 = \frac{\sum (X - \overline{X})^2}{N} = s^2$$

---

[3] Estas noções vêm da física: determinados instrumentos, como as rodas, podem girar à volta dum eixo. Para isso, é preciso aplicar uma força, e o efeito desta força é tanto maior quanto mais intensa ela for e quanto mais longe do eixo ela for aplicada. O produto "força x distância do eixo" chama-se "momento da força em relação ao eixo" e permite determinar em que condições os corpos estão em equilíbrio, ou em que sentido eles se movem.

3. A medida de assimetria utiliza o momento central de terceira ordem:

$$m_3 = \frac{\sum(X-\overline{X})^3}{N}$$

Chama-se *assimetria* (g_1) ao grau de desvio, ou afastamento da simetria, duma distribuição. Se a curva de frequência duma distribuição tem uma "cauda" mais comprida à direita, diz-se que a distribuição é desviada para a direita, ou que ela tem assimetria positiva. Se ocorre o inverso, diz-se que ela é desviada para a esquerda, ou que tem assimetria negativa (ver Figura 5.7):

$$g_1 = \frac{m_3}{\sqrt{m_2^3}} = \frac{m_3}{m_2\sqrt{m_2}}$$

Assim, quando a distribuição:

é simétrica: $g_1 = 0$
tem assimetria positiva: $g_1 > 0$
tem assimetria negativa: $g_1 < 0$

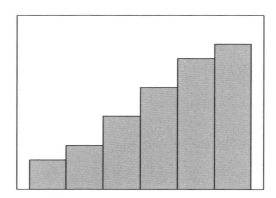

Figura 5.7: *Assimetria negativa*

4. A medida de curtose utiliza o momento central de quarta ordem:

$$m_4 = \frac{\sum(X-\overline{X})^4}{N}$$

Módulo 5: Estatística descritiva univariada

Chama-se *curtose* (g_2) ao grau de achatamento duma distribuição:

$$g_2 = \frac{m_4}{m_2^2} - 3$$

Assim, quando a distribuição é:

normal (mesocúrtica): $g_2 = 0$
leptocúrtica (pico alto): $g_2 > 0$
platicúrtica (topo achato): $g_2 < 0$

A média, o desvio-padrão e as medidas de assimetria e curtose descrevem tudo o que podemos dizer sobre um conjunto de dados métricos.

5.6. Medidas de localização

Quando temos um conjunto de observações, podem ser úteis dois tipos de informação: a informação que diz respeito ao conjunto na sua globalidade e a informação que diz respeito à posição de uma determinada observação relativamente aos outros elementos do conjunto. Existem duas medidas principais de localização: as ordens percentílicas (ou número de ordem do percentil: P_r) e os scores reduzidos (scores z).

A ordem percentílica utiliza-se quando os resultados são ordenados por ordem de grandeza. Avalia-se, para uma determinada observação, a ordem que teria essa observação numa distribuição de 100 elementos, utilizando a fórmula $P_r = [(r + 0.5)*100]/N$, em que r é o número de dados abaixo da observação, e N o efectivo total. Em geral, esta medida é utilizada quando temos um grande número de observações, ou quando queremos comparar a posição relativa dum indivíduo em duas distribuições diferentes[4].

---

[4] Não deve confundir-se as ordens percentílicas com os valores dos percentis, que são os valores das observações que conduziram à ordenação.

Pode-se também transformar o valor da observação num score reduzido, utilizando a fórmula $z = (X - \overline{X})/s$, em que z é o desvio do valor da observação relativamente à média da distribuição, dividido pelo desvio-padrão dessa distribuição. A distribuição dos scores reduzidos tem uma média de zero e um desvio-padrão de 1. Os valores brutos inferiores à média são scores reduzidos negativos. Na medida em que os scores reduzidos permitem determinar a posição dum dado numa distribuição, podemos comparar observações que são obtidas de maneiras diferentes, bem como resultados obtidos em provas com diferentes escalas de avaliação.

5.7. Síntese

Os procedimentos adequados aos vários tipos de variáveis figuram no Esquema 2.

Esquema 2: *Análise descritiva univariada* [5]

Variável nominal	Variável ordinal	Variável métrica
I. Organização dos dados		
distribuição de frequências		
frequências absolutas frequências relativas (percentagens)	frequências acumuladas frequências acumuladas inversas frequências acumuladas relativas frequências acumuladas relativas inversas	
II. Representação gráfica		
diagrama circular gráfico de barras	histograma polígono de frequências ogiva de frequências acumuladas ogiva de frequências acumuladas inversas ogivas percentuais	
III. Medidas de tendência central		
moda	mediana	média

---

[5] As colunas são cumulativas. Todas as estatísticas descritas à esquerda duma coluna são também válidas.

IV. Medidas de dispersão		
	mínimo-máximo quartis	amplitude total amplitude interquartílica desvio médio variância desvio-padrão
V. Forma da distribuição		
		assimetria curtose
VI. Medidas de localização dos dados		
	ordem percentílica	score reduzido

Quando temos um computador à disposição podemos muito facilmente obter todos os procedimentos da estatística descritiva univariada. Assim, depois da apresentação, no módulo seguinte, da análise estatística com o SPSS, vamos aplicar as noções apresentadas, utilizando os exercícios contidos nas fichas 2, 3 e 4. Estes exercícios permitirão, em simultâneo, treinar a manipulação dos ficheiros e a utilização dos comandos de definição dos dados.

MÓDULO 6:
A ANÁLISE ESTATÍSTICA COM O SPSS

Neste módulo, vamos descrever como se pode efectuar um tratamento estatístico. Primeiro, apresentamos o procedimento geral e, em seguida, vemos de forma mais pormenorizada os vários procedimentos da análise descritiva.

6.1. Procedimento geral

Há três etapas para efectuar um tratamento estatístico com o SPSS para Windows:
- escolher ou criar um ficheiro de dados
- escolher um procedimento estatístico no menu
- escolher as variáveis que devem ser incluídas na análise, assim como as diferentes indicações necessárias nas caixas de diálogo.

6.1.1. *Escolher ou criar um ficheiro de dados*

Ver, respectivamente, os Módulos 3 ou 4.

6.1.2. *Escolher um procedimento estatístico*

O menu *Analyze* contém a lista dos principais procedimentos estatísticos. Cada linha do menu é seguida por uma seta, que indica a existência de um outro nível no menu. Os procedimentos estatísticos específicos encontram-se nestes submenus. Suponhamos que

queremos determinar qual o salário médio do grupo de sujeitos descritos no exemplo do Módulo 4. Procedemos da maneira seguinte:
- clicar no menu *Analyze* da barra do menu principal
- clicar em *Descriptive Statistics* no menu *Analyze*
- clicar em *Frequencies* no submenu *Descriptive Statistics*

Com a selecção dum procedimento estatístico abre-se automaticamente uma "caixa de diálogo".

6.1.2.1. *As caixas de diálogo*

Uma "caixa de diálogo" contém várias informações (cf. Figura 6.1):

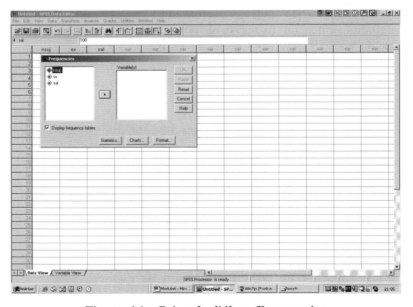

Figura 6.1: *Caixa de diálogo* **Frequencies**

À esquerda, a lista de base das variáveis contém o nome de todas as variáveis do ficheiro de dados que está aberto. Ao lado da lista de base, existe uma seta que permite deslocar qualquer uma destas variáveis para a lista das variáveis a tratar (quadro abaixo de *Variable(s):*). Clicar com o rato na variável a seleccionar (no nosso caso: *sal*) antes de premir a seta. Podemos utilizar a tecla <CTL>

quando queremos efectuar múltiplas selecções. Em caso de engano, podemos desseleccionar uma variável efectuando as operações na direcção inversa.

À direita, encontramos algumas teclas de comando que têm como funções:

- **OK**: mandar executar o procedimento escolhido
- **Paste**: constituir um ficheiro de comandos (ver secção 6.3)
- **Reset**: voltar à apresentação por defeito da caixa
- **Cancel**: anular as últimas modificações e voltar às informações contidas na caixa antes de a ter aberta
- **Help**: abrir o menu de ajuda precisamente na página que contém informação sobre a presente caixa de diálogo

Em baixo, encontram-se algumas teclas com um nome seguido de pontos de suspensão, que permitem abrir caixas de diálogo de nível inferior (sub-caixas).

6.1.2.2. As sub-caixas de diálogo

Quando todas as operações não podem ser apresentadas nas caixas de diálogo, existem sub-caixas de diálogo. Na caixa de diálogo *Frequencies*, por exemplo, existem três teclas que permitem abrir essas sub-caixas: *Statistics*, *Charts* e *Format* (ver Figura 6.1). Para calcular a média da nossa distribuição, precisamos entrar em *Statistics*, o que fazemos clicando na respectiva tecla.

A sub-caixa *Statistics* contém dois tipos de informações (ver Figura 6.2): uma lista das estatísticas que podem ser calculadas e algumas teclas de comando à direita.

As teclas de comando têm como funções:

- **Continue**: salvar as selecções escolhidas e voltar à caixa de diálogo principal
- **Cancel**: anular as últimas modificações e voltar às informações prévias
- **Help**: abrir o menu de ajuda na página que contém as informações sobre a presente caixa de diálogo

As estatísticas propostas são precedidas dum quadradinho. Para seleccionar uma destas, – a média, por exemplo –, basta clicar no

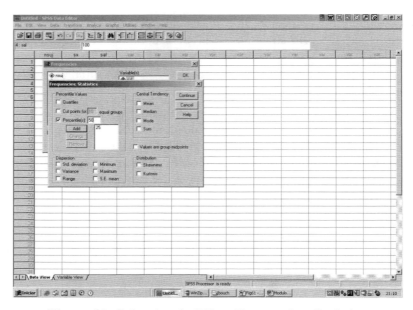

Figura 6.2: *Sub-caixa de diálogo* **Frequencies: Statistics**

quadradinho que a acompanha. O ✓ que aparece no quadradinho indica que a estatística está seleccionada. Em caso de engano, aplica-se o mesmo procedimento (clicar e o ✓ desaparece).

Em alguns casos, o utilizador tem necessidade de completar a informação:

a) Suponha-se que desejamos calcular os quartis. Clicando em *Percentile(s):*, o ✓ aparece no quadradinho. Resta então definir os valores dos percentis desejados (25, 50, 75). Para isso:

– entrar 25 na caixa de texto ao lado de *Percentile(s):*
– clicar em *Add*. O valor aparece na lista
– entrar da mesma forma 50 e 75.

Em caso de engano, pode alterar-se o valor: seleccionar o valor errado, introduzir o valor certo, e clicar em *Change*. Pode também retirar-se um valor, seleccionando o valor errado e clicando em *Remove*.

b) Quando as selecções são mutuamente exclusivas, só é possível fazer uma selecção. Neste caso os quadradinhos são substituídos por círculos. Geralmente, o SPSS tem uma escolha pré-programada que podemos modificar clicando num outro círculo. Suponha-se que desejamos modificar a apresentação por defeito dos valores das variáveis. Entrando na sub-caixa *Format...* de *Frequencies*, desseleccionamos a opção por defeito *Ascending value* (valores por ordem crescente) quando escolhemos, por exemplo, *Descending values*.

Quando todas as informações necessárias estão introduzidas, clicar em *Continue* para voltar à caixa de diálogo principal.

6.1.2.3. *Executar o comando*

Na caixa de diálogo, basta clicar em *OK* para executar o comando. As informações introduzidas são conservadas até ao fim da sessão se não forem modificadas pelo utilizador.

Os resultados dos tratamentos efectuados pelo programa SPSS aparecem na janela de saída (o Viewer). Podemos editá-los para modificar a sua apresentação e arquivá-los se quisermos consultá-los futuramente (ver Módulo 3).

6.2. Criar um gráfico

Pode criar-se um gráfico para representar os nossos resultados da maneira seguinte:
- abrir a caixa de diálogo de *Frequencies*
- deslocar a variável a representar da lista de base para a lista das variáveis a tratar
- clicar em *Chart* para abrir a sub-caixa de diálogo dos gráficos
- clicar em *Histogram(s)* para obter um histograma
- clicar em *Continue*
- clicar em *OK* para executar o tratamento

Os gráficos que aparecem no Viewer podem ser completados ou melhorados utilizando o Editor de Gráficos. Este pode ser aberto clicando duas vezes sobre qualquer gráfico. A caixa de diálogo que se abre desta forma no Viewer contém uma barra de menu e uma barra de ferramentas, que permitem modificar os gráficos obtidos no Viewer (ver Figura 6.3).

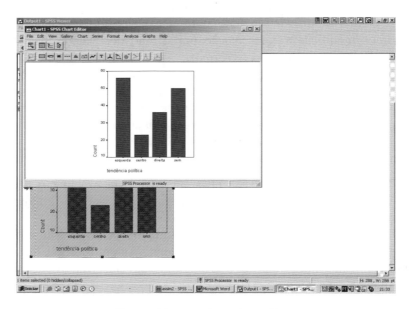

Figura 6.3: *O Editor de Gráficos*

6.3. Criar um ficheiro de comandos

Com as caixas de diálogo, podem fazer-se todos os tratamentos desejados. Porém, por vezes queremos conservar a sintaxe de alguns comandos que utilizamos frequentemente, para evitar ter de repetir todas as manipulações. Cria-se então um ficheiro de comandos.

Uma maneira simples de criar um tal ficheiro é "colar" (*Paste*) as selecções efectuadas nas caixas de diálogo na janela de sintaxe. Por exemplo, se quisermos conservar o comando que permite calcular uma média, procede-se da maneira seguinte:

– clicar em *Analyze* na barra do menu principal
– clicar em *Descriptive Statistics*
– clicar em *Frequencies*: a caixa de diálogo abre-se

- deslocar a variável a analisar da lista de base para a lista das variáveis a tratar
- clicar em *Statistics*
- clicar em *Mean*
- clicar em *Continue*
- clicar em *Paste* (em vez de *OK* para executar o tratamento)

A sintaxe do comando aparece na janela de sintaxe que se abre automaticamente (ver Figura 6.4). Para dar a ordem de execução do comando, seleccionar o comando e premir a tecla ▶ na barra dos ícones por cima da janela de sintaxe.

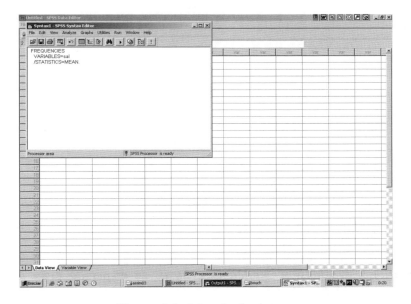

Figura 6.4: *A janela de sintaxe*

Como de costume, para ser conservado o ficheiro de comandos tem de ser arquivado (ver Módulo 3). A extensão habitualmente atribuída a este tipo de ficheiros é *sps*.

6.4. Procedimentos da estatística descritiva univariada

6.4.1. *Organização dos dados*

Para obter uma distribuição de frequências com o SPSS, escolhe-se os comandos:

Analyze
Descriptive Statistics
Frequencies

6.4.2. *Representação gráfica*

Pode-se obter os gráficos de barras e os histogramas, escolhendo (ver secção 6.2):

Analyze
Descriptive Statistics
Frequencies

ou o conjunto de gráficos, através de:

Graphs
  Pie   *(Fig. 5.1)*
  Bar   *(Fig. 5.2)*
  Line   *(Fig. 5.3 e 5.4)*
  Histogram *(Fig. 5.5)*
  Boxplot   *(Fig. 5.6)*

6.4.3. *Medidas de tendência central, de dispersão e da forma da distribuição*

Para descrever as variáveis:

1. As variáveis nominais

Analyze
Descriptive Statistics
Frequencies
Statistics:
Central Tendency: Mode

2. As variáveis ordinais

Analyze
  Descriptive Statistics
    Frequencies
      Statistics:
        Central Tendency: Median
        Dispersion: Minimum Maximum
        Percentile Values: Quartiles

3. As variáveis métricas

Analyze
  Descriptive Statistics
    Descriptives
      Options:
        Mean
          Dispersion: Std. deviation
          Distribution: Skewness Kurtosis

6.4.4. *Medidas de localização*

Para obter os valores dos percentis e os scores reduzidos:

1. Os percentis

Analyze
  Descriptive Statistics
    Frequencies
      Statistics:
        Percentile Values: Percentiles

2. Os scores reduzidos

Analyze
  Descriptive Statistics
    Descriptives
      Save standardized values as variables

Para visualizar os scores reduzidos:

Analyze
  Reports
    Case Summaries

6.5. Exercícios

Ficha 2: As variáveis nominais

Ficha 3: As variáveis ordinais

Ficha 4: As variáveis métricas

Pode também descrever-se as variáveis do exercício da Ficha 1.

MÓDULO 7:
AS DISTRIBUIÇÕES TEÓRICAS

Os procedimentos da análise descritiva permitem descrever a distribuição duma variável observada. Existem, por outro lado, distribuições teóricas, definidas por leis puramente matemáticas. Vamos apresentar duas dessas distribuições que têm um papel muito importante em estatística. A *distribuição binomial* segue a lei de probabilidade de realização dum acontecimento aleatório numa sucessão de provas. É uma distribuição de valores descontínuos (discretos), visto que o número de vezes que um acontecimento se realiza é necessariamente um número inteiro. A *distribuição normal* diz respeito a um dos mais importantes exemplos de distribuição contínua de probabilidade. Ela reflecte a distribuição dos valores contínuos duma grandeza numa população, por exemplo a estatura dos homens adultos em Portugal.

7.1. Noção de probabilidade

7.1.1. *Teorias clássica e frequencista* [1]

Se um acontecimento A se pode produzir x vezes (número de casos favoráveis) num total de n casos igualmente possíveis, a probabilidade p de realização deste acontecimento é, segundo a defini-

---

[1] Ver Galvão de Mello, F. (1993). Probabilidades e Estatística. Vol.1., Lisboa: Escolar Editora.

ção clássica, igual ao quociente entre o número de casos favoráveis à sua realização e o número total de casos igualmente possíveis:

$$p = \frac{x}{n} \quad \begin{array}{l} \text{(número de casos favoráveis)} \\ \text{(número de casos igualmente possíveis)} \end{array}$$

Assim a probabilidade de obter uma cara em um único lançamento duma moeda é

$$p = \frac{1}{2} \quad \begin{array}{l} \text{(número de casos favoráveis)} \\ \text{(número de casos igualmente possíveis)} \end{array}$$

Podemos dizer que a probabilidade é de .5 ou, ainda, que há 50 possibilidades em 100 de obter uma cara. O valor de p é sempre compreendido entre 0 e 1.

A definição clássica, na base das probabilidades *a priori*, não se pode aplicar às situações em que não se pode decidir sobre o número de casos igualmente possíveis. A teoria frequencista, baseada na regularidade estatística dos fenómenos aleatórios, fornece uma definição mais geral: a probabilidade p de realização dum acontecimento A é dada pelo número de vezes que este acontecimento se realiza em n provas repetidas, quando n tende para o infinito.

$$p = \frac{f}{n} \quad \begin{array}{l} \text{(frequência absoluta de A nas n provas)} \\ \text{(grande número de provas)} \end{array}$$

À frequência relativa de A, que é uma estimativa da probabilidade teórica p de A, também se dá o nome de probabilidade *a posteriori*.

7.1.2. Princípios da probabilidade

1. Dado que a probabilidade de realização dum acontecimento se exprime por $p = f/n$, o valor de p é compreendido entre 0 e 1.
2. A probabilidade de realização dum acontecimento impossível é igual a 0, enquanto que a probabilidade de realização dum acontecimento certo é igual a 1.
3. Se dois acontecimentos, A e B, são incompatíveis (ou mutuamente exclusivos, o que quer dizer que eles não podem ocorrer ao mesmo tempo), a probabilidade de realização de A ou de B é igual à soma das probabilidades dos dois aconteci-

mentos. Por exemplo, a probabilidade de obter uma cara ou uma coroa num único lançamento duma moeda é de 1/2 + 1/2 = 1. Logo, a soma das probabilidades de todos os acontecimentos possíveis é igual a 1.

7.2. Distribuições de probabilidade

7.2.1. Distribuição duma variável aleatória

Uma variável X cujos valores são fixados pelos resultados duma experiência aleatória diz-se uma variável aleatória. O valor tomado por X numa prova diz-se realização de X.

Exemplo: No universo das famílias com três filhos, o conjunto das sequências ordenadas de nascimentos é o seguinte:

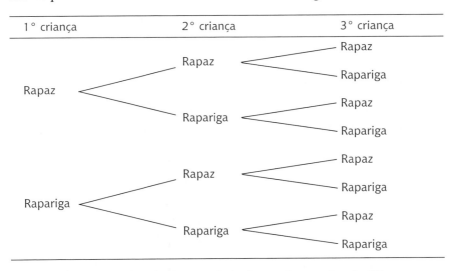

Figura 7.1: *Sequências possíveis de nascimento de três filhos*

Assim sendo, as 8 sequências seguintes são igualmente possíveis (H = homem; M = mulher):

HHH – HHM – HMH – HMM – MHH – MHM – MMH – MMM

Sendo a variável X o número de rapazes, os valores admissíveis de X são 0, 1, 2 e 3. A probabilidade p_x de contar numa família com três crianças:

0 rapazes é de: 1/8
1 rapaz: 3/8
2 rapazes: 3/8
3 rapazes: 1/8

Obtemos assim uma lei ou distribuição de probabilidade que pode ser apresentada numa tabela da maneira seguinte:

Quadro 7.1: *Distribuição do número de rapazes em famílias com três filhos*

Número de rapazes	f	p	
0	1	1/8	0.125
1	3	3/8	0.375
2	3	3/8	0.375
3	1	1/8	0.125
Total	8		1.000

Graficamente, esta distribuição de probabilidade pode ser representada por um histograma de frequências relativas f/n, com rectângulos de base 1.

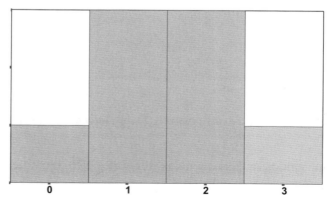

Figura 7.2: *Probabilidade de contar 0, 1, 2, 3 rapazes em famílias com três filhos*

A área total do histograma é de 1, sendo a probabilidade p_x dum valor X a área do rectângulo.

A lei de probabilidade de X pode, em geral, definir-se a partir do conhecimento da sua função de probabilidade (ou função de frequência) que permite associar a cada valor de X uma probabilidade: $p_x = f(x)$. Se n tende para o infinito e a base dos rectângulos tende para zero (por exemplo subdividindo sucessivamente ao meio a amplitude dos intervalos), o perfil em escada do histograma tende para uma curva contínua, cuja equação é: $y = f(x)$.

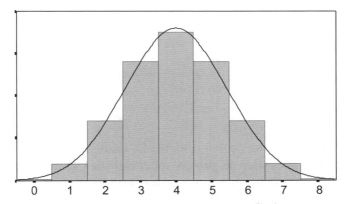

Figura 7.3: *Histograma e curva limite*

A cada valor de X corresponde um valor de Y que diz respeito à altura da curva. A área total limitada pelo eixo dos valores X e pela curva é igual a 1. A área sob a curva, compreendida entre as duas ordenadas X_1 e X_2, indica a proporção dos valores de X limitados por X_1 e X_2, ou seja a probabilidade de obter um valor de X situado entre X_1 e X_2. Esta probabilidade pode ser determinada por uma função f(x) que se chama função de frequência ou função de densidade.

Qualquer variável quantitativa medida sobre uma população finita pode interpretar-se como uma variável aleatória. Por conseguinte, admitimos que as distribuições das variáveis que estudamos são "bem ajustadas" às distribuições teóricas conhecidas e inferimos as propriedades da população observada a partir das propriedades correspondentes das variáveis aleatórias. Devido à importância da distribuição binomial e da distribuição normal – que acabámos de mencionar – para a inferência estatística, vamos ver com mais pormenor as propriedades dessas duas distribuições.

7.2.2. A distribuição binomial

Se p é a probabilidade de realização dum acontecimento A numa única tentativa (designada por probabilidade p(A) dum "sucesso"), e q (igual a 1 - p) a probabilidade do acontecimento não ocorrer (ou probabilidade p($\overline{A}$) dum "insucesso"), então a probabilidade do acontecimento ocorrer exactamente x vezes em n tentativas é dada por:

$$p_x = C_x^n \, p^x \, q^{n-x}$$

em que

$$C_x^n = \frac{n!}{x!(n-x)!}$$

A distribuição de probabilidade de realização dum acontecimento A numa sucessão de provas independentes (realizadas sempre nas mesmas condições), que tem sempre apenas dois resultados possíveis e uma probabilidade p(A) de sucesso constante, é designada por distribuição binomial, visto que a X = 0, 1, 2, ... N correspondem os (N + 1) termos sucessivos do desenvolvimento do binómio $(p + q)^n$ dados por:

$$(p + q)^n = C_x^n \, p^x \, q^{n-x}$$

Exemplo: A probabilidade de contar 0, 1, 2, 3 rapazes em famílias com 3 filhos pode ser calculada. Ela é dada por respectivamente:

p_x? se A = rapaz; p = ½; n = 3; X = 0, 1, 2, 3

0 rapazes

$$\frac{3*2*1}{(1)\,(3*2*1)} * \frac{1}{2}^3 = 1*1/8 = 1/8$$

Módulo 7: As Distribuições Teóricas — 91

1 rapaz

$$\frac{3*2*1}{(1)(2*1)} * \tfrac{1}{2}^1 * \tfrac{1}{2}^2 = 3*1/8 = 3/8$$

2 rapazes

$$\frac{3*2*1}{(2*1)(1)} * \tfrac{1}{2}^2 * \tfrac{1}{2}^1 = 3*1/8 = 3/8$$

3 rapazes

$$\frac{3*2*1}{(3*2*1)(1)} * \tfrac{1}{2}^3 = 1*1/8 = 1/8$$

Na prática, não é necessário calcular os coeficientes binomiais, visto que estes são dados pelo *Triângulo de Pascal*.

Quadro 7.2: *Extracto do Triângulo de Pascal*

n\x	0	1	2	3	4	5	6
0	1						
1	1	1					
2	1	2	1				
3	1	3	3	1			
4	1	4	6	4	1		
5	1	5	10	10	5	1	
6	1	6	15	20	15	6	1

Qualquer número pode ser obtido, mediante a soma de dois números, um na mesma coluna e o outro à esquerda, da fila precedente. Quando a distribuição é simétrica ($p = q = 1/2$), as probabilidades são proporcionais aos números do Triângulo de Pascal.

Exemplo: Qual a probabilidade de contar 0, 1, 2, 3 rapazes em famílias com 3 filhos?

p_x? se A = rapaz; p = ½; n = 3; X = 0, 1, 2, 3

n = 3 $\Rightarrow$ Triângulo de Pascal: 1 3 3 1

1 + 3 + 3 + 1 = 8

rapazes	0	1	2	3
probabilidade	1/8	3/8	3/8	1/8

Propriedades

A distribuição binomial simétrica (p = q = ½), que é normalmente utilizada em psicologia, tem:

μ = n/2 [2]
σ^2 = n/4
γ_1 = 0
γ_2 = -2/n

7.2.3. A distribuição normal

Quando a distribuição duma variável tem uma forma que se designa por "curva em sino" ou "curva de Gauss", dizemos que a variável é normalmente distribuída. A curva normal é a forma limite da distribuição binomial, quando p = q = 1/2, e é definida pela equação:

$$Y = \frac{1}{\sigma\sqrt{2\pi}}\, e^{-\frac{1}{2}(x-\mu)^2/\sigma^2}$$

---

[2] μ = mu, letra grega que corresponde à letra romana m de média; σ = sigma, para o s de desvio-padrão; γ = gamma, para o g da assimetria e da curtose. As letras gregas utilizam-se quando se trata de medidas relativas a populações.

em que:

π = 3,14159

e = 2,71828 (base dos logaritmos neperianos)

A curva é assimptótica (estende-se de -∞ até +∞) mas consideramos a área limitada pela curva e o eixo dos X como finita, e igual a 1. É simétrica, e apresenta dois pontos de inflexão (mudança de concavidade) a uma distância ± 1σ da média.

Propriedades

As distribuições normais:
- são unimodais e simétricas relativamente à média
- têm a média igual à moda e à mediana: μ = Mo = Md
- podem ter diferentes médias e diferentes desvios-padrão, mas incluem, independentemente dos valores da média e do desvio-padrão (ver Figura 7.4):

    68.27% dos dados entre μ-σ e μ+σ
    95.45% dos dados entre μ-2σ e μ+2σ
    99.73% dos dados entre μ-3σ e μ+3σ, que são praticamente os pontos extremos da distribuição

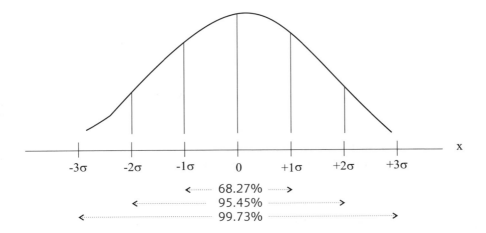

Figura 7.4: *A curva normal*

Na medida em que a distribuição duma característica discreta – que segue a lei binomial – se aproxima da distribuição normal quando o número de observações é grande, trata-se muitas vezes as variáveis discretas como variáveis contínuas.

7.2.4. *A distribuição normal reduzida*

Quando os valores X duma variável contínua são transformados em scores reduzidos z, obtemos uma distribuição reduzida. Se a variável tem uma distribuição normal, a curva obtida a partir dos scores reduzidos é também normal e é dada pela equação:

$$Y = \frac{1}{\sqrt{2\pi}} e^{-\frac{1}{2}x^2}$$

Todas as distribuições normais expressas em scores reduzidos são representadas pela mesma curva. Por conseguinte, a distribuição normal reduzida é tomada como distribuição padrão ou distribuição de referência.

Propriedades

As propriedades da distribuição normal reduzida são aquelas da distribuição normal ordinária. Para além disso:

– a média, a moda e a mediana são iguais a zero
– o desvio-padrão é igual a 1: os pontos de inflexão da curva têm por abcissa $z = \pm 1$
– a ordenada de z é igual à ordenada de -z
– a área à esquerda de z é igual à área à direita de -z

Numa distribuição normal reduzida, os valores das ordenadas são função dos valores de z ($y = f(z)$). Estes valores já foram calculados e figuram em tabelas, assim como a área limitada por diferentes valores de z. São particularmente importantes:

1. os valores $z = \pm 1.96$, entre os quais se encontra 95% da população à volta da média (observar a Figura 7.4)
2. os valores $z = \pm 2.58$, entre os quais se encontra 99% da população à volta da média.

Os valores 1.96 e 2.58 da distribuição normal reduzida estão associados à noção de "nível de significância" que é apresentada, de maneira mais geral, no Módulo 9.

7.3. Distribuições teóricas e estatística inferencial

As distribuições teóricas estão na base de toda a inferência estatística. Essa inferência permite estimar as características duma população a partir da observação duma amostra, e predizer, a partir do conhecimento da população, as características duma outra amostra extraída dessa mesma população.

A distribuição normal é particularmente importante por duas razões:

1. A lei normal aparece como o modelo da distribuição de grandezas influenciadas por um grande número de factores de variação, incontroláveis e mutuamente independentes. Infere-se, assim, geralmente, que as variáveis que estudamos são distribuídas normalmente na população: consideramos, por exemplo, que a distribuição das estaturas dos Portugueses adultos tem uma forma de curva em sino, tal como a distribuição dos resultados a um teste de personalidade ou a distribuição das respostas dos sujeitos a uma sondagem de opinião. Utilizando as propriedades da distribuição normal para caracterizar, por exemplo, a estatura dos Portugueses adultos, podemos deduzir, se conhecemos a média e o desvio-padrão da distribuição, quais os valores entre os quais se encontram, por exemplo, 95% da população. Logo, podemos concluir que as pessoas que não têm uma estatura compreendida entre estes dois "valores limites" são "anormalmente" altas ou baixas.

2. Na medida em que os valores das variáveis que estudamos se distribuem normalmente na população, os valores que observamos numa amostra retirada desta população devem também seguir a lei normal, se a amostra for representativa da população. Portanto, as estatísticas (média, mediana, etc.) calculadas na amostra devem corresponder aos parâmetros da população. Podem manifestar-se pequenas diferenças entre as estatísticas calculadas em diferentes amostras extraídas duma mesma

população. Sendo a lei normal a lei limite de muitas outras distribuições, assume-se também que essas estatísticas se distribuem normalmente se o número de amostras for suficientemente grande.

O estudo das distribuições das estatísticas constitui a matéria da teoria da amostragem que vamos apresentar no módulo seguinte. Pode-se dizer a este respeito que a distribuição normal é, em parte, importante em estatística, porque a distribuição de amostragem é importante.

MÓDULO 8:

TEORIA DA AMOSTRAGEM E DA ESTIMAÇÃO

A teoria da amostragem é o estudo das relações que existem entre uma população e as amostras dela extraídas. Dentro das várias teorias que se baseiam nos seus princípios, encontra-se a teoria da estimação, que fornece métodos para avaliar um parâmetro populacional desconhecido a partir do conhecimento da estatística correspondente numa amostra retirada dessa população.

8.1. A teoria da amostragem

Imagine-se que estudámos todas as amostras representativas de tamanho N que é possível retirar duma dada população. Imagine-se também que calculámos a média (ou o desvio-padrão, ou qualquer outra estatística) de cada uma dessas amostras. Observando que as médias calculadas (ou desvios-padrão, ou outras estatísticas) variam de amostra a amostra, podemos registar todos esses valores e organizá-los numa distribuição de frequências.

Chama-se *distribuição de amostragem duma estatística*, ou *distribuição amostral*, à distribuição dos valores duma estatística calculada num número infinitamente grande de amostras – de tamanho idêntico – extraídas duma mesma população. Uma distribuição amostral pode ser descrita com todas as estatísticas que fazem parte da estatística descritiva. Podemos então calcular a média, a mediana, o desvio-padrão, etc., duma distribuição amostral.

Para dar um exemplo de distribuição amostral duma estatística, imaginemos que foram extraídas ao acaso 800 amostras de 100 estudantes universitários e que se calculou a estatura média de cada amostra (arredondada ao centímetro). Foram obtidos os valores seguintes: 170cm, 176cm, 165cm, ..., 172cm, 180cm, 170cm, etc. Estes valores podem ser organizados numa distribuição de frequências (apresentada no Quadro 8.1), ou representados graficamente sob a forma dum histograma (tal como na Figura 8.1):

Quadro 8.1: *Distribuição das estaturas médias obtidas em 800 amostras de 100 estudantes*

Valor	Frequência	Percentagem	Percentagem acumulada
165	20	2,5	2,5
170	60	7,5	10,0
172	140	17,5	27,5
174	180	22,5	50,0
176	180	22,5	72,5
178	140	17,5	90,0
180	60	7,5	97,5
185	20	2,5	100,0
Total	800	100,0	100,0

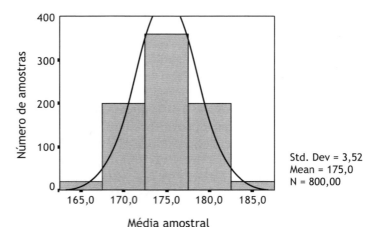

Figura 8.1: *Histograma das estaturas médias de 800 amostras de 100 estudantes*

Conhecemos as distribuições amostrais de todas as estatísticas comuns. Estas distribuições foram estudadas com amostras aleatórias ou estratificadas, extraídas de populações finitas ou infinitas. As propriedades destas distribuições podem ser encontradas na maior parte dos livros de estatística (ver, por exemplo, Spiegel, 1984). Na prática, quando se trata de avaliar um parâmetro populacional desconhecido, referimo-nos sobretudo às distribuições amostrais das médias e das proporções, que são utilizadas, por exemplo, para estimar o salário nacional médio, ou estimar a percentagem dos votos a favor dum candidato, etc.

As distribuições amostrais das diferenças entre duas estatísticas foram também estudadas. Elas são utilizadas quando se quer testar se duas populações são ou não significativamente diferentes. Pode-se salientar ainda que também se pode testar a significância dos coeficientes de correlação graças ao estudo da distribuição amostral destas estatísticas.

Note-se que, frequentemente, o desvio-padrão das distribuições amostrais é designado por *erro-padrão* e que, portanto, um erro-padrão é uma medida da variação duma estatística num grande número de amostras, de tamanho idêntico, extraídas da mesma população.

8.2. Teoria da estimação

Os princípios da teoria da amostragem são utilizados na teoria da estimação. Esta teoria fornece-nos métodos para inferir, com um risco de erro avaliado, as características duma população a partir duma amostra representativa dessa população. Por exemplo, podemos estimar a média μ duma população, quando retirámos uma amostra representativa desta população e calculámos a média $\overline{X}$ desta amostra. Podemos também avaliar o grau de confiança associado a essa estimação.

Através da Figura 8.1, pode-se saber que a estatura média dos estudantes hipoteticamente estudados é de 175cm. Na Tabela 8.1 pode-se ver ainda que 80% das amostras apresentam resultados compreendidos entre 172cm e 178cm, ou seja, compreendidos num intervalo de $\pm$ 3cm em torno da média populacional real.

100   *Análise de Dados na Investigação em Psicologia*

Chama-se *intervalo de confiança* em torno de uma estatística ao intervalo cujos limites são o valor mínimo e o valor máximo entre os quais temos uma determinada probabilidade de encontrar o parâmetro que lhe corresponde na população. Os números extremos do intervalo são denominados *limites de confiança*. A percentagem de confiança é designada por *nível de confiança*. No nosso exemplo, a média populacional é de $\mu = 175cm$, o intervalo de confiança é o leque de valores compreendido entre $\pm 3cm$ à volta da média, os limites de confiança 172 e 178cm, e o nível de confiança 80%.

Note-se que não se pode dizer que há uma probabilidade de 80% (ou de 80 vezes em 100) de que a verdadeira média se encontre entre 172 e 178cm. Tudo o que se pode dizer é que em 80% de todas as amostras possíveis, a média se encontra entre 172 e 178cm.

A determinação do intervalo de confiança para a maioria das estatísticas é relativamente simples quando as amostras são grandes ($N \geq 30$) visto que, neste caso, as distribuições amostrais das estatísticas são normais ou aproximadamente normais. Assim, tendo em conta as propriedades da distribuição normal, e admitindo que μ_s e σ_s são a média e o erro-padrão da distribuição amostral duma estatística S, podemos esperar que a estatística S se encontre em qualquer amostra nos intervalos (ver Módulo 7):

de $\mu_s - \sigma_s$ a $\mu_s + \sigma_s$ em 68.27% dos casos
de $\mu_s - 2\sigma_s$ a $\mu_s + 2\sigma_s$ em 95.45% dos casos
de $\mu_s - 3\sigma_s$ a $\mu_s + 3\sigma_s$ em 99.73% dos casos

De modo equivalente, podemos esperar encontrar μ_s nos intervalos de:

$S \pm \sigma_s$ em 68.27% dos casos
$S \pm 2\sigma_s$ em 95.45% dos casos
$S \pm 3\sigma_s$ em 99.73% dos casos

Na prática, utiliza-se de preferência os níveis de confiança de 95% e 99%. Neste caso, baseando-nos nos valores da distribuição normal reduzida, os limites de confiança são calculados da maneira seguinte:

nível de confiança de 95%: $S \pm 1.96 \sigma_s$
nível de confiança de 99%: $S \pm 2.58 \sigma_s$

Os valores 1.96 e 2.58 são fixados pelos níveis de confiança e denominados *valores críticos*. Eles são representados por z_c.

Limites de confiança

Quando se calculam os limites de confiança dum parâmetro populacional, o nível de confiança indica a probabilidade dos resultados serem correctos devido ao método utilizado. Nunca se pode concluir quando se tem um determinado grau de confiança que o parâmetro populacional se encontra dentro destes limites de confiança.

Quando se aumenta o nível de confiança, alarga-se, simultaneamente, o intervalo de confiança. Para aumentar o nível de confiança e reduzir o intervalo de confiança, deve-se aumentar o tamanho da amostra.

Estimar um parâmetro populacional só faz sentido se a amostra for constituída por amostragem aleatória.

8.3. Determinação dos limites de confiança no SPSS

No SPSS, pode-se obter os limites de confiança da média. Escolhe-se:

Analyze
  Descriptive Statistics
    Explore
      Statistics:
        Descriptives

8.4. Exercício

Utilizando os dados da Ficha 4, determinar os limites de confiança da média populacional, admitindo que os resultados no teste de rapidez de escrita foram obtidos numa amostra representativa duma população definida.

Os princípios da teoria da amostragem são também utilizados na teoria da decisão estatística, cujos aspectos gerais são apresentados no módulo seguinte.

MÓDULO 9:
INTRODUÇÃO À TEORIA DA DECISÃO ESTATÍSTICA

A teoria da decisão estatística constitui uma abordagem complementar à teoria da estimação. Os seus procedimentos permitem testar hipóteses, ou seja, examinar se uma asserção relativa a uma ou várias populações pode ou não ser confirmada. As hipóteses são testadas em amostras aleatórias e os resultados obtidos permitem inferir se a asserção é válida para a população.

A teoria da decisão estatística engloba muitas técnicas que permitem resolver vários tipos de problemas, dentro dos quais:

1. Determinar se dois ou mais grupos diferem relativamente a uma característica (por exemplo, quer-se testar se os homens e as mulheres diferem relativamente ao seu grau de intuição).
2. Determinar se existem diferenças entre duas ou mais características relativas a um mesmo grupo (por exemplo, quer-se saber se os estudantes de psicologia atribuem um valor diferente às aulas práticas e às aulas teóricas).
3. Determinar se, numa população, a relação entre duas ou mais variáveis é diferente de zero (por exemplo, procura-se saber se existe uma relação entre o volume do cérebro e a memória visual).
4. Determinar se uma estatística calculada numa amostra difere do parâmetro populacional que lhe corresponde (por exemplo, determinar se o salário dos médicos portugueses difere do dos médicos da União Europeia).

Todos os problemas são resolvidos através da aplicação dum teste estatístico, também chamado teste de significância.

9.1. O teste de significância

9.1.1. *Princípio*

Um teste é escolhido em função de vários critérios, nomeadamente do tipo de problema que se quer resolver e do nível da variável estudada. No entanto, qualquer que seja o teste aplicado, ele procura sempre refutar uma asserção relativa a uma ou várias populações, a chamada *hipótese nula* (H_0). Para tal, devemos seguir a sequência seguinte:

1. Colocamos a hipótese nula, por exemplo: "não há diferença entre duas populações que aprenderam matemática com o método tradicional ou com o método moderno". A forma da asserção indica que, de facto, queremos demonstrar que a asserção é falsa.

2. Acompanhamos a hipótese nula por uma *hipótese alternativa* (H_1), por exemplo: "a população que aprendeu com o método moderno tem um melhor conhecimento da matemática do que aquela que aprendeu com o método tradicional". Como não se pode testar directamente a hipótese alternativa, procuramos obter um apoio indirecto a seu favor, ao conseguir rejeitar a hipótese nula.

3. Explicitamos o que deve acontecer: por exemplo, se a hipótese nula for verdadeira, as médias obtidas por duas amostras extraídas destas populações não devem ser diferentes num teste de avaliação da matéria.

4. Comparamos as expectativas com os factos observados, aplicando o teste estatístico adequado.

6. Retiramos as conclusões: por exemplo, se as médias são diferentes, a hipótese nula é rejeitada, e encontramos algum apoio a favor da hipótese alternativa.

Devemos sublinhar que, em estatística inferencial:

1. Uma hipótese diz respeito a populações enquanto que a rejeição da hipótese nula é baseada na observação de amostras.

2. A rejeição da hipótese nula nunca é absoluta, tomando sempre em consideração que existe alguma possibilidade de que ela seja verdadeira.

Módulo 9: Introdução à Teoria da Decisão estatística

3. A probabilidade máxima de rejeitar a hipótese nula quando ela é verdadeira é fixada antes de aplicar o teste estatístico; chama-se a esta probabilidade "nível de significância" (α).

Ilustramos os passos a seguir para testar uma hipótese nula, utilizando um exemplo em que se compara uma estatística com o parâmetro populacional correspondente.

9.1.2. Ilustração

O director de uma escola queria saber se os resultados obtidos pelos seus alunos num teste de nível nacional diferem dos resultados obtidos pelo conjunto das escolas do país. Os relatórios indicam que a média nacional é de 50 pontos com um desvio-padrão de 10. Para efectuar a comparação, o director selecciona ao acaso uma amostra de 100 testes efectuados pelos seus alunos e encontra uma média de 55.

1. Hipóteses:

A hipótese nula prediz que os resultados da escola não diferem dos resultados do país: $H_0: \mu_e = \mu = 50$. A hipótese alternativa prediz, pelo contrário, diferenças: $H_1: \mu_e \neq \mu$ ou $\mu_e \neq 50$.

2. Escolha do nível de significância:

Conhecendo as propriedades da distribuição amostral das médias ($\mu_{\bar{x}} = \mu$ e $\sigma_{\bar{x}} = \sigma/\sqrt{N}$), o director pode descrever a distribuição hipotética das médias: $\mu = 50$ e $\sigma_{\bar{x}} = 10/\sqrt{100} = 1$. Ele sabe também que a média da amostra pode não ser exactamente igual à média da distribuição (50), mas que, se H_0 é verdadeira, ela deve constituir um dos valores da distribuição hipotética.

Devido ao tamanho da amostra estudada ($N = 100$), o director pode esperar que a distribuição amostral das médias seja normal. Conhecendo as propriedades da distribuição normal, ele sabe que, se H_0 for verdadeira, haverá apenas 5% de probabilidade de que a média da amostra se encontre a uma distância maior que $1.96\sigma_{\bar{x}}$ em torno da média da distribuição.

Sendo assim, o director decide rejeitar a H_0 se a média da amostra for inferior a $\mu - 1.96\sigma_{\bar{x}}$ ou superior a $\mu + 1.96\sigma_{\bar{x}}$. Como, neste caso, ele tem apenas uma probabilidade de 0.05 (5 vezes em

106   *Análise de Dados na Investigação em Psicologia*

100) de rejeitar a hipótese nula quando ela é verdadeira, diz-se que ele adopta o nível de significância de $\alpha = 0.05$.

3. Escolha do teste estatístico:

Para efectuar o teste, o director tem de determinar se a média da amostra é superior ou inferior a $\mu \pm 1.96\sigma_{\bar{x}}$. Para isso, ele tem apenas que transformar a média da amostra em score z (ver Módulo 5), o que permite determinar a sua posição na distribuição amostral das médias.

Este teste, chamado teste do z, tem como fórmula:

$$z_{obs} = \frac{\bar{X}_{obs} - \mu}{\sigma_{\bar{x}}}$$

Se o resultado do teste, o z_{obs}, for inferior a - 1.96 ou superior a + 1.96, ele cai dentro da chamada "região de rejeição" ou "região crítica", e a H_0 é rejeitada (logo, pode-se concluir que provavelmente há diferenças entre os resultados da escola e os resultados nacionais). Se o valor do z_{obs} se encontra entre $\pm$ 1.96, não se pode rejeitar a hipótese nula (e não se pode concluir que há diferenças).

4. Comparação das expectativas com os factos observados:

Sabendo que a distribuição amostral tem:

$$\mu_{\bar{x}} = \mu$$
$$\sigma_{\bar{x}} = \sigma / \sqrt{N}$$

pode-se calcular:

$$\mu_{\bar{x}} = \mu = 50$$

$$\sigma_{\bar{x}} = 10 / \sqrt{100} = 1$$

Conhecendo a fórmula do teste do z:

$$z_{obs} = \frac{\bar{X}_{obs} - \mu}{\sigma_{\bar{x}}}$$

Módulo 9: Introdução à Teoria da Decisão estatística 107

pode-se calcular:

$$z_{obs} = \frac{55-50}{1} = 5$$

Comparando o valor de z_{obs} com o valor de z_c, pode-se observar que $5 > 1.96$. Como o valor de z_{obs} cai dentro da região crítica, pode-se rejeitar a H_0.

5. *Conclusão*:

Como a hipótese nula pode ser rejeitada, o director pode concluir, com um baixo risco de erro (5% de probabilidade de se enganar), que os resultados da sua escola diferem dos resultados nacionais. Observando as respectivas médias ($\overline{X} = 55$ e $\mu = 50$), ele pode ainda deduzir que os resultados da sua escola são, provavelmente, significativamente superiores aos resultados do país.

Se o teste não tivesse permitido a rejeição da hipótese nula (o que é, por vezes, infelizmente interpretado como aceitar a H_0), isto não significava que a hipótese nula era verdadeira, mas apenas que o teste não conseguiu indicar que ela é falsa.

Pode, ainda, notar-se que o nível de significância adoptado fixa o valor limite, ou valor crítico, que divide todos os resultados possíveis do teste entre os que permitem rejeitar a hipótese nula (e dar suporte à hipótese alternativa) e os que impedem rejeitar a hipótese nula. A utilização dum teste estatístico em combinação com um nível de significância, explica porque estes testes são muitas vezes chamados "testes de significância".

9.1.3. *Testes de significância e intervalos de confiança*

Em geral, hipóteses que envolvem parâmetros populacionais podem ser testadas quer seguindo os procedimentos dos testes de significância, quer utilizando os procedimentos apresentados na teoria da estimação. Neste caso calcula-se o intervalo de confiança da estatística e verifica-se se o parâmetro populacional cai dentro deste intervalo. Note-se que, a um nível de significância α, corresponde um nível de confiança $100(1 - \alpha)$.

Utilizando o nosso exemplo, pode-se escrever:

$$\overline{X} - z_c \sigma_{\overline{x}} \leq \mu \leq \overline{X} + z_c \sigma_{\overline{x}}$$

$$z_c = 1.96$$

$$55 - 1.96 * 10/\sqrt{100} \leq \mu \leq 55 + 1.96 * 10 \sqrt{100}$$

$$53.04 \leq \mu \leq 56.96$$

Sendo a média populacional de 50, pode-se verificar que ela não se encontra no intervalo de confiança e, logo, pode também concluir-se, com 95% de confiança, que os resultados da escola são significativamente diferentes dos resultados nacionais. O facto de 50 ser inferior a 53.04, sugere ainda que os resultados da escola são provavelmente superiores aos resultados nacionais.

Antes de apresentar os diversos testes estatísticos, temos que regressar a alguns aspectos importantes da teoria da decisão estatística.

9.2. Problemas gerais

9.2.1. Noção de hipótese estatística

Em estatística, uma hipótese é uma proposição relativa a uma ou várias populações, e mais particularmente, aos parâmetros ou à distribuição dessas populações.

Uma hipótese diz sempre respeito às populações e não às amostras: as características duma amostra são conhecidas e não podem ser objecto de hipóteses.

Por convenção, assume-se sempre que a hipótese nula é verdadeira a não ser que ela seja rejeitada através da aplicação dum teste estatístico. Ao aplicar um teste estatístico, pode-se produzir duas situações:

- consegue-se rejeitar a hipótese nula, o que fornece algum apoio à hipótese alternativa
- não se consegue rejeitar a hipótese nula, o que não quer dizer que ela seja verdadeira, mas apenas que o teste não a conseguiu invalidar.

Com efeito, a aplicação dum teste estatístico nunca permite *provar* seja o que for.

9.2.2. Os níveis de significância

Nunca podemos estar inteiramente certos de que a hipótese nula se deve rejeitar. Adopta-se, então, a seguinte regra arbitrária:

- se o resultado do teste tem uma probabilidade superior a 5% de ocorrer, não se pode rejeitar a hipótese nula. Conclui-se que o resultado é "não-significativo" (anotação: $p > .05$, ou ns);
- se o resultado do teste é tal que ele tem uma probabilidade de se produzir igual ou inferior a 5%, rejeitamos a hipótese nula a favor da hipótese alternativa ($p \leq .05$). Diz-se também que o resultado é estatisticamente significativo ao nível de $\alpha = .05$ [1]. Com efeito, em estatística, significativo não quer dizer "importante", mas "pouco provável de acontecer apenas por acaso";
- em certos casos, admite-se que o resultado é ainda significativo quando ele tem entre 5 e 10% de probabilidade de ocorrer. Diz-se que o resultado é "quase significativo" ou que ele "tende a ser significativo" ($p \leq .10$).

9.2.3. Erros de interpretação

A interpretação de um teste estatístico é sempre delicada, particularmente quando estamos na vizinhança do limiar de significância. Se se rejeitar, ou não rejeitar, a hipótese nula, corre-se o risco de cometer um ou outro dos seguintes erros:

a) o *erro de Tipo I* consiste em rejeitar a hipótese nula embora, na realidade, ela seja verdadeira;

b) o *erro de Tipo II* consiste em não rejeitar a hipótese nula embora, na realidade, ela seja falsa.

Como se assume que a hipótese nula é verdadeira, escolhe-se minimizar a probabilidade de cometer um erro de Tipo I. O nível de

---

[1] Outros níveis habitualmente utilizados são $\alpha = .01$ e $\alpha = .001$.

significância (α) que adoptamos corresponde a esta probabilidade, ou seja, corresponde ao "risco máximo" que estamos dispostos a correr de rejeitar a hipótese nula quando ela é verdadeira.

9.2.4. Potência dos testes de inferência

Chama-se *potência* dum teste de inferência, à probabilidade de rejeitar, na sua aplicação, a hipótese nula quando esta não é verdadeira. É a avaliação da aptidão do teste para revelar os efeitos.

Quando se aplica um teste e que, na realidade, a hipótese nula é falsa, podem acontecer duas coisas:

– o teste permite rejeitar a hipótese nula, sendo a probabilidade dessa conclusão, por definição, a potência do teste p_t;
– o teste não permite rejeitar a hipótese nula e comete-se um erro de Tipo II; chama-se p_{II}, ou β, à probabilidade dessa conclusão.

Como necessariamente se retira uma ou outra dessas conclusões, temos:

$$p_t + p_{II} \text{ (ou } p_t + \beta) = 1 \quad \text{donde } p_t = 1 - p_{II} \text{ (ou } 1 - \beta)$$

Quando se diminui o nível de significância, a probabilidade de cometer um erro de Tipo II aumenta, o que reduz a potência do teste. A única forma de diminuir α e β simultaneamente é de aumentar o efectivo das amostras observadas.

9.2.5. Testes unilaterais e bilaterais

Ao aplicar-se um teste de inferência estatística, podem apresentar-se duas situações. A hipótese alternativa, que acompanha a hipótese nula, pode explicitar que:

a) o efeito esperado não pode ter senão um único sentido que é conhecido *a priori* (por exemplo: A > B). Neste caso, diz-se que o teste é unilateral (ou unidirecional, ou unicaudal);
b) o efeito esperado pode ter um ou outro dos dois sentidos possíveis (por exemplo, A > B ou A < B); ou seja, não se pode excluir *a priori* uma destas possibilidades. Neste caso trata-se de um teste bilateral (ou bidirecional, ou bicaudal).

Módulo 9: Introdução à Teoria da Decisão estatística

A formulação duma hipótese unidirecional pressupõe que temos algum conhecimento do problema estudado, que, por exemplo, já foi objecto de investigações prévias. A formulação duma hipótese bidirecional (ou exploratória), mais cautelosa, traduz uma ausência de conhecimento prévio, ou a existência de resultados prévios contraditórios: não se sabe portanto em que direcção a diferença se vai manifestar (ou qual será o sentido da relação examinada).

9.2.6. *Os valores p*

Quando se utiliza um computador para realizar um teste estatístico, obtém-se a probabilidade de ocorrência exacta do seu resultado. Chama-se "valor p" a esta probabilidade. Quanto mais baixo o valor p, tanto mais rara a ocorrência do resultado obtido no teste, isto é, tanto menor a probabilidade de o(a) investigador(a) se enganar ao rejeitar a hipótese nula.

Assinalar os valores p exactos – em vez de se referir aos níveis de significância convencionais – é, hoje em dia, uma prática não só vulgar na investigação científica, mas também aconselhável segundo alguns autores (Diamantopoulos & Schlegelmilch, 1997). Os valores p fornecem, com efeito, uma informação mais completa: indicar, por exemplo, que um valor z está associado com um $p = .003$ (o que quer dizer que, se a hipótese nula é verdadeira, o valor obtido podia ocorrer 3 vezes em mil), permite dar a conhecer que este valor é significativo ao nível de $\alpha = .01$ mas não ao nível de $\alpha = .001$.

Evidentemente, com esta forma de proceder é também necessário indicar se o teste é uni- ou bicaudal.

Apesar da sua aparente simplicidade, a utilização generalizada dos testes de significância tem suscitado já há muito tempo abundantes e intermináveis controvérsias de que vamos recordar alguns aspectos.

9.3. Controvérsias acerca dos testes de significância

A grande parte das controvérsias acerca dos testes de significância têm subjacente a importância atribuída à sua aplicação. Segundo alguns autores (Stevens, 1968/1971), esta tendência podia

Análise de Dados na Investigação em Psicologia

ter como origem a facilidade com que se pode, hoje em dia, aplicar numerosos testes a grandes quantidades de dados através da utilização do computador.

9.3.1. *Grandeza do efeito e significância estatística*

O facto da hipótese nula ser rejeitada indica a presença de algum efeito. No entanto, quando o tamanho das amostras é suficientemente grande, observa-se em geral, um nível de significância muito pequeno. Moore (1997) ilustra este facto, utilizando o exemplo da correlação: com 1000 observações, uma correlação de 0.08 é significativa ao nível de $\alpha = 0.01$ (teste unilateral). O autor lembra que o nível de 0.01 não significa que há uma forte associação entre as variáveis, mas que há uma forte probabilidade de haver alguma associação. Moore conclui que, para aplicações práticas, seria melhor ignorar um efeito que não é suficientemente grande.

Comentando o problema da significância estatística, Bakan (1966/1971) lembra que "não há, realmente, nenhuma razão para esperar que a hipótese nula seja verdadeira qualquer que seja a população" (p. 150). Ele pergunta porque, de facto, duas médias deviam ser idênticas, duas proporções exactamente 50:50, ou uma correlação exactamente igual a zero.

9.3.2. *Teste de significância ou intervalos de confiança*

Conclusões inválidas apoiadas por significância estatística resultam dos procedimentos classicamente utilizados na teoria da decisão estatística: os testes de significância limitam o resultado duma experimentação a apenas uma alternativa, a rejeição ou não rejeição da hipótese nula. Assim, uma diferença muito pequena no valor da estatística obtida pode modificar completamente a conclusão retirada (por exemplo, com um valor de z observado de 1.95 não há diferença entre duas amostras, com 1.97 há!).

Por essa razão, alguns autores defendem a opinião de que se devia, de preferência, testar a plausibilidade das hipóteses alternativas consideradas (Rozeboom, 1960/1971), utilizando, por exemplo, procedimentos estatísticos de tipo Bayesiano. Neste caso, em vez de decidir se o efeito observado é suficientemente importante para não

Módulo 9: Introdução à Teoria da Decisão estatística 113

ter ocorrido por acaso, define-se um intervalo de confiança para o parâmetro que se quer testar, determinando *a priori* o que devia ser a importância dum efeito significativo. Como afirma Moore (1997), "os intervalos de confiança não são utilizados tantas vezes como deviam ser, enquanto que os testes de significância são, talvez, utilizados em demasia" (p. 506).

9.3.3. *Arbitrariedade dos níveis de significância*

Além da limitação que constitui uma decisão baseada na rejeição ou não rejeição da hipótese nula, muitos autores salientam a arbitrariedade do ponto de transição entre as duas decisões. Relativamente à escolha entre um nível α de 0.05 ou de 0.01, alguns insistem sobre o facto de, teoricamente, os níveis deverem ser determinados antes de aplicar o teste: se a demonstração requer um nível elevado de confiança, escolhe-se um α mais baixo. Outros salientam que não há nenhuma razão válida para fixar o ponto limite a 0.05 (em vez de 0.03 ou 0.06). Devido à arbitrariedade dos níveis de significância, alguns autores (Moore, 1997) preferem indicar os níveis de probabilidade exactos (valores p). Com efeito, à arbitrariedade do critério utilizado para decidir se uma diferença é ou não significativa, acrescenta-se o problema que se coloca quando estamos na vizinhança do nível de significância adoptado.

9.3.4. *Confusão na interpretação dos níveis de significância*

A indicação do nível de probabilidade exacto não devia no entanto reforçar uma interpretação corrente mas errónea do valor p, que é tomado, às vezes, como uma "medida" da confiança que temos na hipótese *relativamente à população* (teríamos mais confiança de que a hipótese fosse verdadeira com um nível de $\alpha = 0.01$ do que com um nível de $\alpha = 0.05$). Dentro dos erros mais frequentes que se encontram na literatura (Diamantopoulos & Schlegelmilch, 1997), pode-se ler que os níveis de significância indicam a probabilidade dos resultados serem devidos ao acaso; que $(1 - \alpha)$ mostra a confiança que podemos ter na hipótese alternativa; ou ainda, que os níveis de confiança medem a probabilidade de a hipótese nula ser verdadeira. Nenhuma destas interpretações é correcta.

114 *Análise de Dados na Investigação em Psicologia*

Como o sublinha Bakan (1966/1971), o valor p nunca pode ser associado à população, visto que ele indica apenas a probabilidade do resultado obtido poder acontecer com a amostra utilizada. Por isso, e para respeitar estritamente as regras do processo de inferência, não se devia procurar o valor do p a partir da estatística calculada, mas devia-se, a partir do α adoptado, verificar o valor da estatística.

9.3.5. *Os erros de interpretação*

Em geral, os investigadores conduzem um estudo na procura de evidenciar um efeito, isto é, com o objectivo de rejeitar a hipótese nula duma ausência de diferença ou de co-variação. Esta prática tem como efeito o facto de ser raro publicar os resultados duma investigação que não leva a resultados significativos.

Porém, conclusões inválidas podem também ser formuladas por razões puramente probabilistas. Como o sublinha Overall (1969/ 1971), resultados significativos ao nível de 0.05 têm uma probabilidade de acontecer 5 vezes em 100, mesmo quando a hipótese nula é verdadeira. Portanto, se aplicamos de forma repetida um teste de significância a diversos conjuntos de observações semelhantes, os resultados têm que aparecer algumas vezes como significativos.

Segundo Bakan (1966/1971; ver também Moore, 1997), a literatura psicológica é cheia de erros de Tipo I (rejeitar uma hipótese nula que, de facto, é verdadeira). Com efeito, se muitas investigações, não publicadas, chegaram à conclusão que um determinado efeito não existe, a única que, por acaso, chega à conclusão inversa tem toda a probabilidade de ser publicada!

9.3.6. *Testes uni- ou bilaterais*

Outro ponto de desentendimento diz respeito à escolha de testes uni- ou bilaterais. Enquanto que alguns autores encorajam o uso dos primeiros, outros questionam esta prática. Por exemplo, Burke (1953/1971), que procura analisar as consequências possíveis da escolha dum teste unilateral, realça três tipos de problemas: (a) na medida em que as expectativas do investigador nem sempre se verificam, negligenciar diferenças numa direcção não prevista pelo

Módulo 9: Introdução à Teoria da Decisão estatística 115

investigador pode impedir a descoberta de novos fenómenos psicológicos; (b) como adoptar um teste unilateral corresponde a baixar o nível de confiança, conflitos inúteis podem surgir devido ao facto dos resultados aparecerem como pouco fiáveis; (c) é difícil controlar os abusos e impedir que os investigadores "seleccionem" a direcção do teste unicaudal em função dos seus resultados!

9.3.7. *Significância estatística e significância científica*

Muitos autores são da opinião de que os problemas colocados pela utilização dos testes de significância são devidos à importância injustificada atribuída à decisão estatística. Stevens (1968/1971) ilustra esta tendência, mostrando que a proporção de artigos utilizando a inferência estatística em seis jornais de psicologia passou de 56% em 1948 a 91% em 1962. O papel dos testes de significância na investigação em psicologia é também questionado por Bakan (1966/1971) que cita, a este respeito, a seguinte reflexão de Nunnally (1960, p. 643): "Se a hipótese nula não é rejeitada, é normalmente porque o efectivo da amostra é demasiado pequeno. Se o número de dados é suficientemente grande, a hipótese é, em geral, rejeitada. Se a rejeição da hipótese constituísse a verdadeira razão de ser das investigações psicológicas, não seria necessário recolher dados".

A este respeito, Anderson (1961/1971) lembra que a significância estatística é apenas um aspecto do processo de investigação. Dizer que um resultado é "estatisticamente significativo" quer apenas dizer que existem algumas razões para acreditar que o efeito obtido não é puramente devido ao acaso. No entanto, não se pode utilizar um teste de inferência estatística para fazer inferências teóricas. Para Bakan (1966/1971) as diferenças e/ou correlações encontradas pelo investigador nas amostras estudadas permitem apenas que ele infira que existem diferenças e/ou correlações na população. Neste caso, ele deve verificar que tais diferenças ou correlações se manifestam em muitos outros casos. No entanto, isto não significa que se deve juntar mais casos às amostras, pelo contrário: no caso da aplicação dum teste estatístico, não é verdade que uma amostra de maior tamanho é melhor do que uma amostra mais pequena. Portanto, o que se deve fazer é verificar que o efeito continua a manifestar-se quando se estudam outras amostras. Por outras palavras, para que possamos decidir da validade duma teoria, um efeito deve ser confirmado através de replicações sucessivas.

Por fim, não se deve desprezar o facto de não conseguir rejeitar a hipótese nula. Este resultado pode também ter implicações importantes para uma teoria científica, se, por exemplo, ele leva a questionar factos considerados como adquiridos. Tal como um resultado significativo nem sempre é um resultado interessante, um resultado não significativo não é necessariamente um resultado sem interesse.

A principal lição que podemos tirar da polémica acerca dos testes de significância, é que a estatística inferencial é de natureza probabilista e convencional. Os seus procedimentos são úteis para estudar e procurar compreender os fenómenos em que temos interesse; o seu conjunto de leis e de critérios fornece uma base consensual a partir da qual os investigadores podem exprimir-se numa linguagem comum; no entanto, ela nunca permite tirar conclusões infalíveis acerca dos fenómenos estudados. Tendo estas considerações em mente, podemos passar à apresentação dos principais testes de significância.

9.4. Exercício

Teste de Revisão I (fim do Módulo 27).

MÓDULO 10:

TESTES PARA UM GRUPO E UMA VARIÁVEL

Neste módulo, começamos por apresentar alguns testes para uma variável, também chamados testes para uma amostra. Distinguem-se, principalmente, dois grandes tipos de testes: os primeiros comparam uma estatística com o parâmetro populacional que lhe corresponde. Como foi um teste deste tipo que foi utilizado para ilustrar a teoria da decisão estatística, aproveitamos esta oportunidade para desenvolver algumas noções complementares. Os segundos são aplicados quando se quer comparar a distribuição duma variável com uma distribuição teórica.

Como vamos ver, é muito fácil aplicar os testes estatísticos, sobretudo quando eles podem ser realizados com um programa de computador. Todos têm duas partes: uma estatística (χ^2, z, ...) que mede a magnitude do efeito observado, e um valor p que situa o resultado obtido na distribuição de probabilidade da estatística.

10.1. Comparação de médias

Aplicam-se diferentes testes para uma amostra quando se quer comparar o valor duma medida calculada numa amostra com o valor conhecido ou hipotético do parâmetro populacional que lhe corresponde. A operação mais comum consiste, sem dúvida, em comparar a média duma amostra com a média da população donde ela foi extraída.

Ora, o teste do z, apresentado como ilustração da teoria da decisão estatística, não se pode sempre utilizar quando queremos comparar estas duas médias. Com efeito, não podemos utilizar o desvio-padrão da população se não o conhecemos, ou se não queremos utilizá-lo porque temos razões para pensar que a variabilidade da amostra não corresponde à variabilidade da população.

Além disto, a distribuição amostral das médias, como a distribuição amostral de várias outras estatísticas, é apenas normal quando o efectivo das amostras é grande ou quando as amostras são extraídas duma população normalmente distribuída. Para as amostras de tamanho inferior a 30, a distribuição amostral afasta-se da normal, tornando-se este modelo pior com o decréscimo do tamanho da amostra. Foi aliás este problema que evidenciou a necessidade de introduzir modificações à lei normal, originando o estudo das distribuições amostrais das estatísticas de pequenas amostras. Sendo estas distribuições válidas tanto para as grandes como para as pequenas amostras, substitui-se muitas vezes ao cálculo da estatística z o cálculo das outras estatísticas adequadas.

Portanto, quando se quer comparar a média duma amostra de pequeno tamanho com a média populacional, é preferível utilizar o teste t de Student. A fórmula tem a mesma forma:

$$t_{obs} = \frac{\overline{x}_{obs} - \mu}{s/\sqrt{N}}$$

em que o desvio-padrão da amostra é utilizado como estimativa do erro-padrão populacional.

Tal como muitas outras distribuições amostrais, a distribuição de t é mais complexa que a distribuição normal porque tem uma forma que varia em função do efectivo, ou mais exactamente do número de graus de liberdade (ver abaixo) das amostras consideradas. Assim, o valor crítico do t ao nível de 0.05 (ou de 0.01) é diferente segundo o número de graus de liberdade associado com a amostra, sendo este número igual a $gl = N - 1$.

Os valores críticos do t – como os das outras estatísticas estudadas – são indicados em tabelas, aos níveis de significância mais utilizados.

Noção de graus de liberdade

D'Hainaut (1990) define da maneira seguinte a noção de graus de liberdade: chama-se número de graus de liberdade (gl) de um conjunto de valores aleatórios ao número desses valores que não

Módulo 10: Testes para um Grupo e uma Variável

podem ser determinados pelo que está fixado na situação. Por exemplo se nos for pedido para darmos três números cuja soma seja igual a 20, dois dos números podem ter qualquer valor, mas o terceiro está fixado pela situação: o número de graus de liberdade é igual a 2. Duma maneira geral, o número de graus de liberdade numa situação é igual ao número de valores aleatórios diminuído do número de relações que os ligam.

10.2. Comparação de distribuições

Existem vários testes, chamados às vezes "testes para a *goodness-of-fit*" ("qualidade de ajustamento"), que permitem determinar em que medida a distribuição duma variável segue um modelo específico. Em todos os casos, a hipótese nula testa em que medida a variável estudada é distribuída segundo a forma definida *na população*.

10.2.1. *O teste do qui-quadrado*

Utiliza-se geralmente o teste do qui-quadrado (chi2 ou χ^2) quando se quer comparar os efectivos das categorias duma variável (frequências observadas: "f_o") com os efectivos que se obteriam se os dados se distribuíssem conforme um modelo determinado (frequências teóricas ou esperadas: "f_t"). Pode, assim, determinar-se se a distribuição da variável difere significativamente:

a) de uma distribuição uniforme
b) da distribuição conhecida duma população finita de que se supõe que a amostra foi extraída.

A hipótese nula testa em que medida os efectivos observados são iguais aos efectivos teóricos: $f_o - f_t = 0$. Portanto, o desvio em relação ao valor teórico pode avaliar-se pela diferença entre f_o e f_t ou, melhor, pelo quadrado[1] desta diferença: $(f_o - f_t)^2$. O valor do Chi2, obtido pela fórmula

$$\chi^2 = \Sigma \frac{(f_0 - f_t)^2}{f_t}$$

---

[1] Eleva-se as diferenças ao quadrado para obter um valor não nulo, como quando se somam os desvios em relação à média.

120 *Análise de Dados na Investigação em Psicologia*

descreve assim a soma das divergências quadráticas relativas aos valores teóricos.

A partir da distribuição amostral dos valores do qui-quadrado encontrada por Pearson, construíram-se tabelas que dão, para diferentes números de graus de liberdade e diferentes níveis de significância, os limiares a partir dos quais um qui-quadrado é significativo. Se o valor encontrado for igual ou superior ao valor da tabela, para o número de graus de liberdade que a situação admite, a diferença entre a distribuição observada e a distribuição teórica é significativa. No caso do teste do qui-quadrado para uma amostra, o número de graus de liberdade é dado por gl = K – 1, sendo K o número de categorias.

Condições de aplicação

a) Em geral, considera-se que todos os efectivos *teóricos* devem ser iguais ou superiores a 5. Se não for o caso e se o número de categorias não for pequeno (por exemplo não for inferior a 5), aplica-se o teste de Kolmogorov-Smirnov (ver 10.2.2). Quando a variável é dicotómica e um dos efectivos teóricos é inferior a 5, utiliza-se o teste binomial (ver 10.2.3).

b) Em geral, se o número de graus de liberdade for igual a 1, ou se para gl > 1 uma das categorias tiver um efectivo teórico pequeno (por exemplo inferior a 20), aplica-se a correcção de Yates. Basta substituir a fórmula do Chi2 pela fórmula:

$$\chi^2 = \sum \frac{\left(\left|f_0 - f_t\right| - 0.5\right)^2}{f_t}$$

10.2.2. *O teste de Kolmogorov-Smirnov*

O teste de Kolmogorov-Smirnov para uma amostra é o teste mais utilizado para comparar a distribuição de uma variável com uma distribuição teórica, e sobretudo para testar "a normalidade da distribuição", que é uma das condições para a aplicação dos testes paramétricos.

No teste de Kolmogorov-Smirnov compara-se as proporções acumuladas da distribuição observada com as da distribuição teórica.

A hipótese nula testa que não há diferenças significativas entre as duas distribuições (a não ser as que provêm das flutuações de amostragem).

Para aplicar o teste, calcula-se um valor D, que representa o valor absoluto da maior diferença que se pode observar, quando se compara as proporções acumuladas observadas e as proporções acumuladas teóricas de cada classe da distribuição:

$$D = |p_{oacum} - p_{tacum}|$$

Kolmogorov e Smirnov estudaram a distribuição de D e mostraram que, para $N \geq 35$, a diferença entre as duas distribuições é significativa se:

$D \geq 1.36/\sqrt{N}$ para um nível de significância de 0.05

$D \geq 1.63/\sqrt{N}$ para um nível de significância de 0.01

Para amostras de efectivo menor, encontram-se os valores críticos de D em tabelas.

Condições de aplicação

O teste de Kolmogorov-Smirnov não se pode aplicar quando o número de categorias for pequeno (por exemplo, inferior a 5). Pelo contrário, pode ser empregue com pequenas amostras e mesmo quando os efectivos das categorias são muito pequenos.

10.2.3. *O teste binomial*

O teste binomial compara as frequências observadas em cada categoria duma variável dicotómica com as frequências teóricas duma distribuição binomial.

Utiliza-se frequentemente para substituir outros testes não paramétricos quando os efectivos das amostras são muito pequenos. Determina-se (com a ajuda das tabelas da distribuição binomial acumulada para $p = 1/2$) a probabilidade de um acontecimento de $p = 1/2$ se realizar *a* vezes ou menos, numa série de *n* ensaios.

10.3. Os testes para uma amostra no SPSS

10.3.1. *O teste t de Student*

Analyze
   Compare Means
      One-Sample T Test

10.3.2. *O teste do qui-quadrado*

Analyze
   Nonparametric Tests
      Chi-Square

10.3.3. *O teste de Kolmogorov-Smirnov*

Analyze
   Nonparametric Tests
      1-Sample K-S

10.3.4. *O teste binomial*

Analyze
   Nonparametric Tests
      Binomial

10.4. Exercício

Utilizando os dados da Ficha 4:

a) determinar se o estudo desta amostra permite confirmar a hipótese de que a média populacional do teste de rapidez de escrita é de 25.

b) comparar a sua resposta com aquela que se obteve no Exercício do Módulo 8.

Agora que vimos como comparar uma variável com um parâmetro, podemos facilmente perceber como comparar duas variáveis. Começamos com a comparação de duas variáveis nominais no Módulo 11.

MÓDULO 11:

TESTES PARA DUAS VARIÁVEIS NOMINAIS

Neste módulo, apresentam-se os testes para variáveis nominais, que são também duma grande simplicidade. Quando os dados são nominais, podemos comparar:

a) distribuições (por exemplo, quando se quer saber se os adultos e os jovens diferem na forma como se repartem nos vários partidos políticos)

b) proporções (por exemplo, quando se quer saber se a proporção de indivíduos pró ou contra a despenalização do aborto é diferente em Portugal e em Inglaterra).

11.1. Comparação de distribuições

11.1.1. *O teste do qui-quadrado*

Para testar a significância da diferença entre duas – ou mais – distribuições, aplica-se o teste do qui-quadrado (Chi2 ou χ^2). O teste do χ^2 permite determinar se dois – ou mais – grupos diferem relativamente a uma característica medida com uma escala nominal.

Em geral, a comparação da distribuição de L grupos em C categorias leva-nos a construir uma tabela de L x C células (designada por *tabela de contingência*) e a perguntarmo-nos se a distribuição dos efectivos, entre as C categorias, é a mesma nos L grupos. Por outras palavras, a hipótese nula testa que os grupos não diferem na frequência relativa com que se distribuem nas várias categorias da variável estudada.

A designação de "grupos" e "categorias" é arbitrária, visto que o teste do qui-quadrado serve, de facto, para determinar se as duas variáveis que formam uma tabela de contingência estão ou não relacionadas. Por isso, designa-se muitas vezes este teste por teste de independência.

11.1.1.1. *Construção duma tabela de contingência*

Uma tabela de contingência é composta por L x C células, que correspondem a L grupos e C categorias. Em cada célula da tabela, podem registar-se os efectivos observados (f_o) ou os efectivos teóricos (f_t). Os totais dos efectivos nas linhas são representadas por T_l; os totais dos efectivos nas colunas são indicados por T_c.

	C_1	C_2	C_3	
L_1	f_{11}	f_{12}	f_{13}	T_{l1}
L_2	f_{21}	f_{22}	f_{23}	T_{l2}
	T_{c1}	T_{c2}	T_{c3}	N

O efectivo teórico de qualquer célula duma tabela de contingência é o efectivo que se observaria se a distribuição dos efectivos das linhas fosse independente da distribuição dos efectivos das colunas. Portanto, os efectivos teóricos das células são respectivamente proporcionais aos totais das linhas e das colunas:

$$\frac{f_{tl1}}{T_{c1}} = \frac{T_{l1}}{N}$$

Para calcular o efectivo teórico de uma célula, basta dividir o produto dos totais marginais dessa célula, pelo efectivo total da amostra:

$$f_{tl1} = \frac{T_{c1} * T_{l1}}{N}$$

11.1.1.2. *Cálculo do qui-quadrado*

O princípio do qui-quadrado para várias amostras independentes é o mesmo que o do qui-quadrado para uma amostra, sendo portanto a fórmula:

$$\chi^2 = \Sigma \, \frac{(f_0 - f_t)^2}{f_t}$$

com $gl = (C-1) \, (L-1)$

11.1.1.3. As tabelas de contingência 2 × 2

Numa tabela com 2×2 categorias, pode-se também empregar a fórmula seguinte:

$$\chi^2 = \frac{N(AD - BC)^2}{(A+B)(C+D)(A+C)(B+D)}$$

em que as letras se referem aos efectivos das células da tabela abaixo:

	C_1	C_2	
L_1	A	B	A+B
L_2	C	D	C+D
	A+C	B+D	

Em geral, numa tabela de 2×2 é preciso aplicar a correcção de Yates, mas sobretudo com efectivos teóricos inferiores a 20. Neste caso, a fórmula é a seguinte:

$$\chi^2 = \frac{N \left(|AD - BC| - N/2 \right)^2}{(A+B)(C+D)(A+C)(B+D)}$$

com $gl = (C-1)(L-1) = 1$

11.1.1.4. Condições de aplicação

a) O qui-quadrado aplica-se apenas a frequências.
b) As diferentes colunas ou linhas não podem ter os mesmos indivíduos.
c) Quando o número de graus de liberdade é superior a 1, o qui-quadrado só pode ser utilizado se não houver mais do

que 20% das células com efectivo teórico inferior a 5 e nenhuma apresentar um efectivo teórico inferior a 1. Se não for o caso, deve-se procurar combinar as categorias.

d) Para as tabelas de contingência 2×2, podemos seguir as regras propostas por Siegel & Castellan (1988):

– quando $N < 20$, empregar o teste exacto de Fisher (ver 11.1.2);
– quando $20 > = N < = 40$, utilizar o qui-quadrado, se todos os efectivos teóricos forem superiores a 5. Se não for o caso, aplicar o teste exacto de Fisher;
– quando $N > 40$, aplicar a correcção de Yates.

11.1.2. *O teste exacto de Fisher*

O teste exacto de Fisher para tabelas de contingência 2×2 calcula a probabilidade exacta de ocorrência duma distribuição de frequências quando os totais marginais são fixos.

Na tabela de contingência apresentada acima, a probabilidade de obter uma distribuição específica é obtida por meio da fórmula:

$$p = \frac{(A+B)!(C+D)!(A+C)!(B+D)!}{N!A!B!C!D!}$$

No entanto, como o teste de uma hipótese testa sempre a probabilidade do resultado obtido *ou um mais extremo* poder verificar-se, se H_0 for verdadeira, deve-se, ainda:

– tomar em conta todos os arranjos mais extremos possíveis
– calcular as suas respectivas probabilidades de ocorrência
– somar essas probabilidades à probabilidade de a distribuição obtida poder verificar-se.

Existem tabelas que fornecem o valor de p quando o efectivo das duas amostras é igual ou inferior a 15. Para um efectivo superior, Siegel & Castellan (1988) recomendam calcular a probabilidade exacta, utilizando de maneira recursiva a fórmula apresentada acima, ou aplicar a fórmula do qui-quadrado.

Nota: O SPSS calcula o teste exacto de Fisher sempre que uma célula duma tabela 2×2 tem um valor esperado inferior a 5, ou quando o efectivo total das duas amostras é inferior a 20.

11.2. Comparação de proporções

Para testar a significância da diferença entre duas proporções, utiliza-se técnicas diferentes se se comparam dois grupos relativamente a uma medida dicotómica (amostras independentes), ou um grupo relativamente a duas medidas dicotómicas (amostras emparelhadas).

11.2.1. Amostras independentes

Para comparar duas amostras independentes, aplica-se o teste do qui-quadrado, utilizando a fórmula para tabelas de contingência 2×2 (ver 11.1.1.3). No que diz respeito às condições de aplicação, segue-se também as regras propostas por Siegel & Castellan (1988) (ver 11.1.1.4).

11.2.2. Amostras emparelhadas

O teste de McNemar para a significância das mudanças, permite testar o efeito dum "tratamento" sobre um grupo de indivíduos observados em duas ocasiões diferentes (por exemplo, quer-se conhecer o efeito duma decisão política sobre a intenção de voto dos eleitores). Para testar a significância das mudanças, pode-se entrar as observações numa tabela com quatro células.

		Observação 2		
		–	+	
Obervação 1	–	A	B	A+B
	+	C	D	C+D
		A+C	B+D	

Numa tal tabela, as letras representam as frequências observadas: A representa o número de indivíduos que se situam na categoria – nas duas observações; D é o número de indivíduos que se situam na categoria + nas duas observações. O número de indivíduos que mudam entre as duas observações é representado por B (o número de indivíduos que passam de - para +) e por C (o número de indivíduos que passam de + para -).

Assim, $B + C$ corresponde ao número total de mudanças. A hipótese nula testa que o número de mudanças num sentido (B) é igual ao número de mudanças no outro sentido (C). Por outras palavras, a hipótese nula testa que $B = C = (B + C)/2$.

Utilizando a fórmula do qui-quadrado com as duas células que apresentam mudanças, pode-se verificar que

$$\chi^2 = \Sigma \frac{(f_0 - f_t)^2}{f_t} = \frac{(B - (B+C)/2)^2}{(B+C)/2} + \frac{(C - (B+C)/2)^2}{(B+C)/2} = \frac{(B-C)^2}{B+C}$$

Em geral, mas sobretudo com efectivos teóricos inferiores a 20, aplica-se a correcção de Yates:

$$\chi^2 = \frac{(|B - C| - 1)^2}{B+C}$$

Consulta-se a tabela do qui-quadrado com $gl = 1$, e encontra-se o nível de probabilidade para um teste bilateral.

Quando $B + C < 10$, Siegel & Castellan (1988) aconselham a aplicação do teste binomial, em que n é igual a $(B+C)$ e a corresponde ao menor dos dois efectivos (ver Módulo 10).

O teste do qui-quadrado

Bakan (1966/1971) relata o seguinte comentário de Berkson (1942) relativamente ao teste do qui-quadrado: se o número de observações for suficientemente grande, o valor do p será muito pequeno. A explicação reside no facto de, como é praticamente certo que nenhuma série de observações segue, rigorosamente, o modelo normal, o mais pequeno desvio entre a distribuição observada e a distribuição teórica tornará o p significativo quando a amostra for grande. Ainda segundo Berkson, dado que uma amostra grande é sempre preferível a uma amostra pequena, não há razões para utilizar uma amostra pequena. Mas se soubermos logo de início que o resultado do teste é significativo com uma amostra grande, já não se trata dum teste.

Ferguson & Takane (1989) ilustram a relação entre o valor do qui-quadrado e o tamanho da amostra duplicando o efectivo duma amostra de 25 para 50, e de 50 para 100, sem modificar a proporção de observações nas células. Os autores mostram que, duplicando o tamanho da amostra, acontece o mesmo com a diferença entre valores observados e valores teóricos, tal como com os valores do qui-quadrado. Sendo o número de graus de liberdade constante, o valor p diminui dramaticamente.

11.3. Os testes para duas variáveis nominais no SPSS

11.3.1. *O teste do qui-quadrado*

Analyze
  Descriptive Statistics
    Crosstabs

11.3.2. *O teste de McNemar*

Analyze
  Nonparametric Tests
    2 Related Samples
      Test Type: McNemar

11.4. Exercício

Ficha 5: Testes para duas proporções emparelhadas

Tendo apresentado os principais testes para a comparação de duas variáveis nominais, vamos examinar, no módulo seguinte, como avaliar a associação entre este tipo de variáveis.

MÓDULO 12:

MEDIDAS DE ASSOCIAÇÃO
PARA DUAS VARIÁVEIS NOMINAIS

Em algumas situações de investigação, e na medida em que se encontrou uma diferença significativa entre as distribuições observadas, estamos interessados em apreciar a importância (quer dizer a força) da associação entre duas variáveis.

Para avaliar a relação entre duas variáveis nominais existem várias medidas de associação. Nenhuma constitui a melhor opção para todos os tipos de situações e todas são de interpretação difícil. Com efeito, como a codificação das variáveis nominais é arbitrária, as medidas de associação não podem revelar nem a direcção da associação, nem qualquer informação sobre a natureza da relação.

Dentro das várias medidas de associação, escolhemos apresentar três medidas baseadas na estatística do qui-quadrado. Estas medidas procuram, por um lado, modificar o valor do qui-quadrado de maneira a minimizar a influência do tamanho da amostra e do número de graus de liberdade e, por outro lado, limitar o leque dos valores da medida entre 0 e 1.

12.1. O coeficiente phi de Pearson

O coeficiente de correlação phi (ϕ) de Pearson aplica-se quando queremos avaliar a associação entre duas variáveis dicotómicas, cujos valores podem ser apresentados numa tabela de contingência, com 4 células:

X\Y	0	1	
0	A	B	A + B
1	C	D	C + D
	A + C	B + D	N

A fórmula do ϕ é:

$$\phi = \frac{AD - BC}{\sqrt{(A+B)(C+D)(A+C)(B+D)}}$$

ou seja a raiz quadrada do χ^2 médio:

$$\phi = \sqrt{\chi^2/N}$$

Note-se que o produto AD será tanto maior quanto mais forte e positiva for a relação entre as duas variáveis; o produto BC será tanto maior quanto mais forte e negativa for esta relação. Os produtos AD e BC são iguais se não houver nenhuma relação entre as duas variáveis.

Interpretação do coeficiente ϕ:

O coeficiente ϕ pode variar entre -1 e +1, quando os totais marginais são iguais. A significância da relação é determinada pelo teste do χ^2.

12.2. O coeficiente de contingência

O coeficiente de contingência (C) utiliza-se para avaliar a relação entre duas variáveis divididas em categorias, tendo pelo menos uma delas mais do que duas categorias. O coeficiente de contingência calcula-se da maneira seguinte:

$$C = \sqrt{\frac{\chi^2}{\chi^2 + N}}$$

Interpretação do coeficiente C:

A interpretação do coeficiente de contingência pode ser difícil por este variar entre 0 e um valor máximo que depende do número de categorias das variáveis, mas que nunca é superior a 1. Quando o número de linhas da tabela de contingência é igual ao número de colunas, o valor máximo de C é dado por:

$$C_{max} = \sqrt{(K-1)/K}$$

em que K é o número de categorias (das linhas e das colunas).

Para avaliar se a relação é significativa, basta calcular o qui-quadrado.

12.3. O coeficiente V de Crámer

Quando temos uma tabela de contingência com mais do que 4 células, podemos calcular também o coeficiente V de Crámer. O V de Crámer conduz aos mesmos resultados que o coeficiente ϕ de Pearson numa tabela de 2×2. No entanto, o V de Crámer varia entre 0 e 1. Constitui uma alternativa ao coeficiente de contingência, cujo valor depende do número de categorias das variáveis. A fórmula do V de Crámer é:

$$V = \sqrt{\chi^2 / [N(K-1)]}$$

em que:

N = o efectivo total da amostra
K = o número de linhas ou de colunas (utilizar o menor valor)

134 *Análise de Dados na Investigação em Psicologia*

12.4. As medidas de associação para duas variáveis nominais no SPSS

12.4.1. *O coeficiente phi de Pearson*

Analyze
  Descriptive Statistics
    Crosstabs
      Statistics: Phi and Cramér's V

12.4.2. *O coeficiente de contingência*

Analyze
  Descriptive Statistics
    Crosstabs
      Statistics: Contingency Coefficient

12.4.3. *O coeficiente V de Crámer*

Analyze
  Descriptive Statistics
    Crosstabs
      Statistics: Phi and Cramér's V

12.5. Exercício

Ficha 6: Medidas de associação para duas variáveis nominais

Os testes para duas variáveis nominais e as medidas de associação apresentadas neste módulo constituem os principais procedimentos que se podem aplicar a variáveis nominais.

Temos então que abordar os procedimentos mais complexos que envolvem variáveis numéricas, começando, no Módulo 13, pela apresentação dos testes de significância para dois grupos e uma variável numérica (a característica relativamente à qual os grupos são comparados).

MÓDULO 13:

TESTES PARA DOIS GRUPOS
E UMA VARIÁVEL NUMÉRICA

Neste módulo, vamos apresentar alguns testes que permitem comparar dois grupos relativamente a uma característica. Nestes casos, diz-se que os conjuntos de observações são independentes (ou não-relacionados, ou que se trata dum plano inter-sujeitos), e utiliza-se testes designados em estatística por "testes para amostras independentes". O objectivo destes testes não é determinar se há uma diferença entre as duas amostras estudadas, mas determinar se as populações donde elas são extraídas diferem.

Existem vários testes para comparar dois grupos relativamente a uma característica. Podemos comparar:

a) médias (por exemplo quando se quer examinar se os homens e as mulheres diferem relativamente ao seu grau de intuição)

b) variâncias (por exemplo quando se quer examinar se o barulho aumenta a variabilidade dum desempenho motor, comparando os resultados dum grupo experimental e dum grupo controlo)

c) medianas ou ordens quando temos razões para comparar os grupos utilizando métodos ditos "não paramétricos".

13.1. Comparação de duas médias

Para comparar as médias de duas amostras, utiliza-se o teste t de Student. O teste permite testar a H_0: $\mu_1 - \mu_2 = 0$, com a assunção

Análise de Dados na Investigação em Psicologia

de que as duas amostras foram extraídas de populações com variâncias iguais: $\sigma_1^2 = \sigma_2^2 = \sigma^2$.

a) Se as duas amostras, A_1 e A_2, são extraídas de populações com variâncias iguais, os dados relativos a cada uma delas podem ser combinados. Portanto podemos escrever:

$$s^2 = \frac{\sum\left(X_1 - \overline{X}_1\right)^2 + \sum\left(X_2 - \overline{X}_2\right)^2}{N_1 + N_2 - 2}$$

b) O erro-padrão da diferença das médias é estimado através de:

$$s_{\overline{X}_1 - \overline{X}_2} = \sqrt{s^2/N_1 + s^2/N_2}$$

c) Para obter o valor de t, a diferença entre as médias das duas amostras é dividida pela estimação do erro-padrão da diferença das médias:

$$t = \frac{\left|\overline{X}_1 - \overline{X}_2\right|}{\sqrt{s^2/N_1 + s^2/N_2}}$$

d) Para determinar se o valor encontrado indica uma diferença significativa, basta consultar a tabela do t ao nível de significância desejado, sendo o número de graus de liberdade igual a $gl = N_1 + N_2 - 2$.

Condições de aplicação

Em princípio, para que se possa aplicar o teste t de Student, devem preencher-se as condições seguintes:

a) a distribuição de cada amostra não pode diferir muito da normal (pode testar-se a normalidade das distribuições com o teste de Kolmogorov-Smirnov apresentado no Módulo 10)

b) as variâncias não podem ser excessivamente diferentes (testar a igualdade das variâncias com o teste F de Snedecor – cf 13.2)

Módulo 13: Testes para dois Grupos e uma Variável numérica   137

c) as dimensões das amostras não podem ser excessivamente diferentes.

Quando estas condições não estão preenchidas, deve utilizar-se um teste não paramétrico (por exemplo o teste da mediana – cf 13.3.1 – ou o teste das somas de Wilcoxon – cf 13.3.2).

Nota: No programa SPSS, uma outra estatística baseada na distribuição de t de Student é calculada quando as variâncias não são iguais. Sendo a igualdade das variâncias automaticamente testada através do teste de Levene, deve-se escolher o teste baseado na fórmula adequada.

13.2. Comparação de duas variâncias

A diferença entre duas amostras pode apoiar-se sobre uma comparação de variâncias. De forma geral, precisamos sempre de comparar as variâncias. É necessário, por exemplo, antes de efectuar um teste de t, visto que este teste implica a igualdade de variância das populações donde as amostras são retiradas. Esta condição é conhecida como a *homogeneidade das variâncias.*

Para testar a significância da diferença entre duas variâncias, utiliza-se o teste F de Snedecor. O teste F permite testar a H_0: $\sigma_1^2 = \sigma_2^2 = \sigma^2$. Para aplicar o teste, basta calcular a razão das variâncias das duas amostras, colocando a variância maior no numerador e a variância menor no denominador:

$$F = \frac{s_1^2}{s_2^2}$$

Para determinar se o valor encontrado indica uma diferença significativa, deve-se consultar as tabelas do F, com $gl = N_1 - 1$ no numerador e $gl = N_2 - 1$ no denominador. Sendo as tabelas concebidas para um teste unilateral, é necessário duplicar o nível encontrado, quando estamos na situação dum teste bilateral: o nível de significância de $\alpha = 0.05$ deve ser considerado como um nível de $\alpha = 0.10$ e o nível de significância de $\alpha = 0.01$ como um nível de $\alpha = 0.02$.

13.3. Os testes não paramétricos

Quando não se pode utilizar testes paramétricos, deve-se recorrer aos testes não paramétricos, também conhecidos como testes de *distribuição livre*.

Alguns testes não paramétricos utilizam apenas as propriedades dos sinais dos dados: acima da mediana os dados são codificados com sinal mais (+), e abaixo são codificados com sinal menos (-). Outros utilizam as propriedades das ordens (1, 2, 3, ..., N), sendo as ordens substituídas por números cardinais[1]. Em muitos testes não paramétricos, a hipótese nula testa, de forma geral, que as amostras provêm de populações com a mesma distribuição contínua.

13.3.1. *O teste dos sinais*

Este teste, também conhecido como o teste da mediana, compara as medianas de duas amostras independentes. A hipótese nula é de que não há diferença entre as medianas das populações donde as amostras são extraídas (corresponde ao teste t). O teste baseia-se na ideia de que, se as amostras são extraídas de populações com a mesma distribuição contínua, existe um mesmo número de observações que devem apresentar valores acima ou abaixo do valor da mediana. Para aplicar o teste:

a) Calcula-se a mediana conjunta:

Se $(N_1 + N_2)$ for impar:

$$\frac{\left(N_1 + N_2\right) + 1}{2}$$

Se $(N_1 + N_2)$ for par, tomar a média entre:

$$\frac{\left(N_1 + N_2\right)}{2} \quad e \quad \frac{\left(N_1 + N_2\right)}{2} + 1$$

---

[1] Pode-se consultar o Anexo 1 para conhecer algumas propriedades dos números inteiros.

Módulo 13: Testes para dois Grupos e uma Variável numérica 139

b) Atribui-se o sinal mais (+) aos resultados com valor acima da mediana e o sinal menos (-) aos resultados com valor inferior ou igual ao valor da mediana.

c) Aplica-se um teste do qui-quadrado (ver Módulo 11) para determinar se as frequências observadas nas categorias (+) e (-) diferem significativamente das frequências teóricas:

	+	–
Amostra 1		
Amostra 2		

13.3.2. *O teste das ordens*

O mais utilizado dos testes das ordens é o teste das somas de Wilcoxon. A hipótese nula testa que as duas amostras provêm de populações que têm a mesma distribuição contínua. Para aplicar o teste:

a) As N_1 observações (da amostra de menor efectivo) são combinadas com as N_2 observações (da amostra de maior efectivo). As $(N_1 + N_2)$ observações são ordenadas por ordem de grandeza. Atribui-se a ordem 1 à observação de menor importância e uma ordem média às observações com o mesmo valor.

b) A soma das ordens (R_1) é calculada pela amostra de menor efectivo, se os efectivos das amostras são diferentes. No caso contrário, qualquer uma das somas pode ser utilizada.

A distribuição amostral de R_1 é conhecida e tem como média e erro-padrão:

$$\mu_{R_1} = \frac{N_1(N_1 + N_2 + 1)}{2}$$

$$\sigma_{R_1} = \sqrt{\frac{N_1 N_2 (N_1 + N_2 + 1)}{12}}$$

Existem tabelas que apresentam, para N_1 e $N_2 \leq 25$, os limiares a partir dos quais a diferença entre as duas amostras é significativa. Estes valores são os valores críticos exactos da cauda inferior (isto é os valores máximos de R_1). Por conseguinte, o valor R_1 observado indica uma diferença significativa *se for inferior* ao valor da tabela. Se R_1 for um valor acima da média, devemos comparar o seu valor com os valores críticos exactos da cauda superior. Para isso, basta calcular: $\overline{R}_1 + (\overline{R}_1 - R_1) = 2\overline{R}_1 - R_1$. Como o teste é unidirecional, é preciso duplicar os níveis de significância das tabelas para um teste bicaudal.

No entanto, quando N_1 e $N_2 \geq 8$, a distribuição amostral de R_1 é aproximadamente normal e pode-se aplicar um teste do z, por meio da fórmula:

$$z = \frac{\left|R_1 - \mu_{R_1}\right| - \frac{1}{2}}{\sigma_{R_1}}$$

em que - ½ é a correcção de continuidade.

Se $z \geq 1.96$, a diferença entre as amostras é significativa ao nível de $\alpha = 0.05$; se $z \geq 2.58$, a diferença é significativa ao nível de $\alpha = 0.01$ (teste bilateral).

Quando há muitos empates, devemos aplicar uma correcção ao erro-padrão, e a fórmula é a seguinte:

$$z = \frac{\left|R_1 - \mu_{R_1}\right| - \frac{1}{2}}{\sqrt{\left[N_1 N_2 / N(N-1)\right]\left[\left(\left(N^3 - N\right)/12\right) - \sum T\right]}}$$

em que

$$N = N_1 + N_2$$
$$T = (t^3 - t)/12$$

t = número de valores empatados

Nota: Existe um outro teste das ordens muito comum para determinar a significância da diferença entre duas amostras independentes: o teste U de Mann-Whitney.

Módulo 13: Testes para dois Grupos e uma Variável numérica | 141

Testes paramétricos vs. testes não paramétricos

Não existe nenhum consenso acerca dos procedimentos que é adequado utilizar nas diferentes situações de aplicação dum teste de significância. O debate não diz respeito às variáveis nominais (categoriais), visto que não se pode aplicar testes paramétricos a este tipo de dados. O desacordo reside na utilização dos testes paramétricos ou não paramétricos com variáveis métricas ou ordinais. Apresenta-se, abaixo, as diversas posições, das mais ortodoxas às mais liberais:

1. utiliza-se testes paramétricos quando as variáveis são métricas, e testes não paramétricos quando as variáveis são ordinais.
2. na medida em que não há uma relação clara entre medição e estatística, utiliza-se testes paramétricos quando as distribuições são normais e as variâncias homogéneas, tanto com dados ordinais como com dados métricos. Se estas condições não forem preenchidas, recorre-se aos testes não paramétricos.
3. para os procedimentos estatísticos relativos à psicologia, os testes paramétricos constituem os procedimentos básicos, a não ser que os dados sejam tão poucos que os testes não paramétricos se revelem suficientes.

Para além das posições acerca da relação entre medida e estatística, alguns autores verificaram que os testes paramétricos são robustos mesmo quando as amostras violam as assunções de base. Bryman & Cramer (1992) propõem portanto a seguinte regra:

- aplicar testes paramétricos em geral,
- aplicar testes não-paramétricos quando as variâncias não são homogéneas e os efectivos dos grupos são muito diferentes,
- aplicar testes não-paramétricos quando os efectivos dos grupos são pequenos ($N \leq 15$).

13.4. Os testes para um grupo e duas medidas numéricas no SPSS

13.4.1. *Comparação de duas médias*

Analyze
   Compare Means
      Independent-Samples T Test

13.4.2. Comparação de duas variâncias

No SPSS, não se pode obter o teste F de Snedecor, que é geralmente substituído pelo teste de Levene (ver Módulo 17). No entanto, é fácil calcular à mão o F de Snedecor, a partir dos desvios-padrão apresentados no teste t de Student.

13.4.3. Teste dos sinais

Analyze
   Nonparametric Tests
     K Independent Samples
      Test Type: Median

13.4.4. Teste das ordens

Analyze
   Nonparametric Tests
     2 Independent Samples
      Mann-Whitney U

Obtém-se três resultados: o U de Mann-Whitney, o W de Wilcoxon (que corresponde ao R_1) e o z.

13.5. Exercício

Ficha 7: Testes para dois grupos e uma variável numérica

Pertencem também ao domínio da análise bivariada os testes que comparam mais do que dois grupos relativamente a uma característica. Os procedimentos que se utilizam neste caso são bastante diferentes e serão apresentados mais adiante (Módulo 17).

Por outro lado, podemos estar interessados em avaliar a relação que existe entre a variável dos grupos (ou seja, a variável independente) e a característica estudada (a variável dependente). O procedimento que permite medir a associação entre estes dois tipos de variáveis é apresentado no Módulo 18.

Examinamos, portanto, no módulo seguinte, um conjunto de testes que se aplicam à comparação de duas variáveis numéricas relativas a um mesmo grupo de indivíduos.

MÓDULO 14:

TESTES PARA UM GRUPO
E DUAS VARIÁVEIS NUMÉRICAS

Neste módulo, vamos apresentar alguns testes que permitem comparar duas características relativas a um grupo. Nestes casos, diz-se que os conjuntos de observações estão relacionados (ou que são dependentes, ou que se trata de medidas repetidas, ou, ainda, que se trata dum plano intra-sujeitos) e utiliza-se testes designados, em estatística, por "testes para amostras emparelhadas". O objectivo destes testes é determinar se as características estudadas diferem na população observada.

Para avaliar a diferença entre duas características relativas a um grupo, podemos comparar:

a) médias (por exemplo quando se quer saber se os estudantes de psicologia atribuem um valor diferente às aulas teóricas e às aulas práticas)

b) variâncias (por exemplo quando se quer avaliar o efeito dum programa educacional sobre as mudanças de atitude, medindo as atitudes antes e depois da aplicação do programa)

c) medianas ou ordens quando temos razões para comparar as variáveis utilizando métodos ditos "não paramétricos".

14.1. Comparação de duas médias

Quando as amostras são emparelhadas, pode aplicar-se o teste t de Student. A hipótese nula testa que, na população, a diferença média entre os pares de observações é igual a zero.

Neste caso, pode demonstrar-se que t equivale a:

$$t = \frac{\sum D/N}{\sqrt{\left[\sum D^2 - (\sum D)^2/N\right]/N(N-1)}}$$

em que:

D = diferença entre os pares de observações

N = número de pares de observações

$\sum D/N = \overline{D}$ = diferença média

Lembremo-nos, com efeito, que:

a) $\sum D^2 - (\sum D)^2/N = \sum (D - \overline{D})^2$

b) A variância do conjunto das diferenças é dada por:

$$s_D^2 = \frac{\Sigma (D - \overline{D})^2}{N-1}$$

c) O erro-padrão das médias das diferenças é estimado através de:

$$s_{\overline{D}} = \frac{s_D}{\sqrt{N}}$$

d) Para determinar se o valor encontrado indica uma diferença significativa, basta consultar a tabela do t ao nível de significância desejado, com N-1 graus de liberdade (isto é, o número de pares menos um).

Condições de aplicação

Para que se possa aplicar o teste t, a distribuição das diferenças não pode diferir muito da normal (pode-se testar a normalidade da distribuição das diferenças com o teste de Kolmogorov-Smirnov apresentado no Módulo 10). Quando a distribuição não é normal, é preciso recorrer a um teste não-paramétrico: por exemplo, o teste dos sinais (cf 14.3.1) ou o teste T de Wilcoxon (cf 14.3.2).

14.2. Comparação de duas variâncias

Para testar que, na população, a diferença entre as variâncias de duas amostras emparelhadas é igual a zero, utiliza-se uma variante do t de Student:

$$t = \frac{\left(\sum x_2^2 - \sum x_1^2\right)\sqrt{N-2}}{2\sqrt{\sum x_1^2 \sum x_2^2 - \left(\sum x_1 x_2\right)^2}} \qquad \text{com gl = N-2}$$

em que

N = número de pares de observações

$\sum x_1^2$ = soma dos quadrados dos desvios da amostra 1: $\sum\left(x_1 - \bar{x}_1\right)^2$

$\sum x_2^2$ = soma dos quadrados dos desvios da amostra 2: $\sum\left(x_2 - \bar{x}_2\right)^2$

$\sum x_1 x_2$ = soma dos produtos dos desvios: $\sum\left[\left(x_1 - \bar{x}_1\right)\left(x_2 - \bar{x}_2\right)\right]$

Existe uma outra fórmula para testar a significância da diferença entre as variâncias de duas amostras emparelhadas:

$$t = \frac{\left(s_1^2 - s_2^2\right)\sqrt{(N-2)}}{\sqrt{4\, s_1^2\, s_2^2\left(1-r_{12}^2\right)}} \qquad \text{com gl = N - 2}$$

em que r_{12} é a correlação entre as duas séries de observações (ver Módulo 15).

14.3. Os testes não paramétricos

14.3.1. *O teste dos sinais*

O teste dos sinais de Fisher aplica-se a dados que constituem pares de observações. Observa-se a diferença entre cada par, sendo a hipótese nula a de que a mediana das diferenças é zero. O teste baseia-se na ideia de que, se não houver diferença entre as duas amostras, metade das diferenças entre os pares de observações é positiva enquanto a outra metade é negativa. Para aplicar o teste:

a) Observa-se o sinal das diferenças entre os pares de observações (sinal de X - Y).

b) Calcula-se a diferença entre o número de sinais (+) e o número de sinais (-):

(+) - (-) = D

c) Se N não for muito pequeno (N ≥ 25), aplica-se a fórmula:

$$z = \frac{|D| - 1}{\sqrt{N}}$$

em que N é o número de diferenças não nulas e -1 a correcção de continuidade.

d) Se z ≥ 1.96, a diferença entre as amostras é significativa ao nível de $\alpha = 0.05$; se z ≥ 2.58, a diferença é significativa ao nível de $\alpha = 0.01$. Note-se que, se se tratar dum teste unicaudal, os valores críticos do z ao nível de $\alpha = 0.05$ e $\alpha = 0.01$ são respectivamente de 1.64 e 2.33.

Nota: Se N for muito pequeno (N ≤ 25), utiliza-se o teste binomial, calculando a frequência (a) do sinal menos frequente (ver Módulo 10).

14.3.2. *O teste das ordens*

Para determinar se duas amostras emparelhadas são significativamente diferentes, utiliza-se muitas vezes o teste T de Wilcoxon. Os dados são pares de observações relativas a X e Y. Para aplicar o teste:

a) Calcula-se a diferença (d) entre cada par de observações (d = X - Y).

b) Eliminam-se os pares que são iguais, quer dizer que têm uma diferença d = 0.

c) Ordenam-se os valores de d restantes por ordem de grandeza, sem tomar em conta o seu sinal; atribui-se a ordem 1 à diferença mínima e uma ordem média às diferenças da mesma importância.

d) Aplica-se o sinal das diferenças às ordens.

e) Calcula-se a soma (T) das ordens das diferenças de sinal menos frequente.

A distribuição amostral de T é conhecida e tem como média e erro-padrão respectivamente:

$$\mu_T = \frac{N(N+1)}{4}$$

$$\sigma_T = \sqrt{\frac{N(N+1)(2N+1)}{24}}$$

Existem tabelas que fornecem, para um número de pares ≤ 40, os limiares que indicam uma diferença significativa entre as duas amostras. Estes valores são os valores críticos exactos da cauda inferior (isto é os valores máximos de T). Eles são válidos para os testes unicaudais e, se o teste for bicaudal, os níveis de significância da tabela devem ser duplicados.

No entanto, quando o número de pares é superior a 25, a distribuição amostral de T é aproximadamente normal e pode-se aplicar um teste do z, por meio da fórmula:

$$z = \frac{T - \mu_T}{\sigma_T}$$

Se $z \geq 1.96$, a diferença entre as amostras é significativa ao nível de $\alpha = 0.05$; se $z \geq 2.58$, a diferença é significativa ao nível de $\alpha = 0.01$ (teste bicaudal).

Quando há muitos empates, devemos aplicar uma correcção ao erro-padrão, cuja fórmula passa a ser:

$$\sigma_T = \sqrt{\frac{N(N+1)(2N+1)}{24} - \frac{1}{2}\Sigma T}$$

em que

$T = t(t-1)(t+1)$
t = número de valores empatados

14.4. Os testes para um grupo e duas medidas numéricas no SPSS

14.4.1. *Comparação de duas médias*

Analyze
  Compare Means
    Paired-Samples T Test

14.4.2. *Comparação de duas variâncias*

No SPSS, não se pode obter o teste t de Student para duas variâncias relacionadas. No entanto, é fácil efectuar o teste à mão, utilizando as informações apresentadas no teste t de Student com a fórmula alternativa descrita neste módulo. Substitui-se nesta fórmula os valores da correlação r de Pearson[1], e calcula-se os valores das variâncias a partir dos desvios-padrão.

14.4.3. *Testes dos sinais*

Analyze
  Nonparametric Tests
    2 Related Samples
      Test Type: Sign

14.4.4. *Testes das ordens*

Analyze
  Nonparametric Tests
    2 Related Samples
      Test Type: Wilcoxon

14.5. Exercícios

Ficha 8: Testes para um grupo e duas variáveis numéricas

---

[1] Ver Módulo 15.

Módulo 14: Testes para um Grupo e duas Variáveis Numéricas 149

14.6. Principais testes de significância

Para escolher o teste de significância adequado, devemos tomar em conta 3 critérios: (a) o nível das medidas (medidas categoriais ou numéricas); (b) a relação entre as amostras (independentes ou emparelhadas); e (c) o número de amostras (duas ou mais). Tendo em conta estes três critérios, os principais testes que permitem comparar duas amostras figuram no Esquema 3.

Esquema 3: *Comparação de duas amostras*

	AMOSTRAS	
Variável	**Independentes**	**Emparelhadas**
Numérica		
Métrica:		
Médias	t de Student	t de Student
Variâncias	F de Snedecor	t de Student
Ordinal:		
Ordens	somas de Wilcoxon	T de Wilcoxon
Sinais	teste da mediana	teste dos sinais
Não numérica		
Nominal:		
Frequências	qui-quadrado	
Dicotómica:		
Proporções	qui-quadrado	teste de McNemar

Pode também comparar-se mais do que duas características relativas a um grupo. Este procedimento, que faz parte da análise da variância, introduz os métodos multivariados, no Módulo 22.

Antes de prosseguir com a apresentação de métodos que permitem comparar grupos ou variáveis, vamos voltar à avaliação da relação entre variáveis, e descrever, no módulo seguinte, as medidas de associação entre duas variáveis numéricas.

MÓDULO 15:

MEDIDAS DE ASSOCIAÇÃO
PARA DUAS VARIÁVEIS NUMÉRICAS

Muitas situações implicam a observação de duas ou mais variáveis. Quando cada membro dum grupo é definido por duas observações, os dados constituem pares de observações. Tal como se pode construir uma tabela de contingência para duas variáveis nominais (ver Módulo 11), pode-se representar numa tabela similar a distribuição de duas variáveis numéricas (ver Quadro 15.1).

Quadro 15.1: *Distribuição bivariada. Relação entre as notas obtidas por 42 casais de dançarinos na prova de tango (X) e na prova de valsa (Y)*[*].

	Valsa						
Tango	1	2	3	4	5	6	fX
6					1	2	3
5				1	2	2	5
4			2	10	4		16
3		1	7	3			11
2		4					4
1	2	1					3
fY	2	6	9	14	7	4	42

[*] As notas vão de 1 a 6.

Uma tal tabela fornece uma boa imagem da associação entre duas variáveis. Pode-se observar que, além de mostrar a força da associação entre as variáveis, a tabela revela a direcção da relação, o que leva ao conceito de correlação.

15.1. Relação entre duas variáveis numéricas

Devido ao facto das variáveis numéricas poderem compreender um grande leque de valores, é raro construir uma tabela de contingência para representar a relação entre estas variáveis. É mais vulgar colocar os pontos (X_1, Y_1), (X_2, Y_2) ... (X_N, Y_N) num sistema de coordenadas cartesianas, para obter um gráfico que se chama diagrama de dispersão (ver Figura 15.1).

À zona em que se situam os pontos chama-se nuvem de dispersão. Quando os pontos parecem estar próximos de uma linha recta, diz-se que há uma relação linear entre as variáveis. Se Y tende a aumentar quando X aumenta, a relação é positiva (ou directa). Se Y tende a diminuir quando X aumenta, a relação é negativa (ou inversa). Pode também acontecer que a relação entre as variáveis seja aleatória. Neste caso, diz-se que não há relação ou que a relação entre as variáveis é nula.

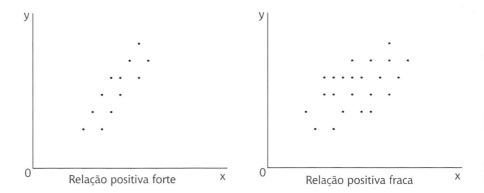

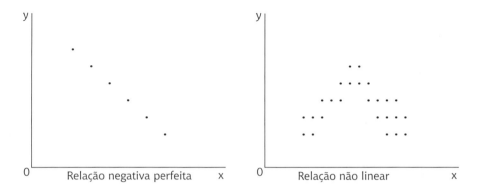

Figura 15.1: *Diagramas de dispersão*

A relação entre duas variáveis numéricas pode ser avaliada através de vários coeficientes de correlação, de entre os quais vamos apresentar o coeficiente de Pearson para variáveis métricas, e o coeficiente de correlação não-paramétrica de Spearman.

15.2. A correlação linear métrica

A medida de correlação mais comum é o coeficiente product-moment r de Pearson (ou coeficiente de correlação de Bravais-Pearson), que avalia a relação entre duas variáveis métricas. O coeficiente de correlação de Pearson pode ter, por definição, valores que vão de -1 até +1. O valor -1 descreve uma relação negativa perfeita. O valor +1 descreve uma relação positiva perfeita. O valor 0 significa que não há relação linear entre X e Y, ou que as variáveis são independentes.

15.2.1. Determinação do coeficiente de correlação

Se conhecermos as médias X e Y e os desvios-padrão s_x e s_y dos conjuntos de observações X e Y, podemos transformar todos os valores das duas variáveis em scores reduzidos:

$$z_x = \frac{X - \overline{X}}{s_y} \quad \text{e} \quad z_y = \frac{Y - \overline{Y}}{s_y}$$

Análise de Dados na Investigação em Psicologia

O coeficiente de correlação r de Pearson é definido como a soma dos produtos dos scores reduzidos, dividida por N - 1. A fórmula é:

$$r = \sum \frac{z_x z_y}{N-1}$$

Ora, a soma dos scores reduzidos ao quadrado é igual a N - 1. Com efeito:

$$\sum z_x^2 = \frac{\sum(X-\overline{X})^2}{s^2} = \frac{\sum(X-\overline{X})^2}{\sum(X-\overline{X})^2/N-1} = N-1$$

Se a relação entre as variáveis é perfeita $z_x = z_y$; donde $z_x z_y = z_x^2 = z_y^2$; donde $\sum z_x z_y = \sum z_x^2 = \sum z_y^2$. Neste caso:

$$r = \sum \frac{z_x z_y}{N-1} = \frac{N-1}{N-1} = 1$$

Se a relação é perfeita e negativa, a cada valor de z_x corresponde um valor de z_y igual mas de sinal inverso. $\sum z_x z_y = -(N-1)$ e $r = -1$. Se não há nenhuma relação entre z_x e z_y, $\sum z_x z_y = 0$ e $r = 0$.

Na prática, a transformação dos valores das variáveis em scores reduzidos não é necessária e existem várias fórmulas mais simples para calcular o coeficiente de correlação. Por exemplo, podemos também utilizar os dados brutos e escrever:

$$r = \frac{N\sum XY - \sum X \sum Y}{\sqrt{\left[N\sum X^2 - (\sum X)^2\right]\left[N\sum Y^2 - (\sum Y)^2\right]}}$$

15.2.2. Interpretação do coeficiente de correlação

O coeficiente de correlação não é uma proporção: um coeficiente de 0.60 não representa uma relação duas vezes mais forte que

Módulo 15: Medidas de Associação para duas Variáveis numéricas 155

um coeficiente de 0.30. A diferença entre os coeficientes 0.40 e 0.50 não é igual à diferença entre os coeficientes 0.50 e 0.60.

Um meio simples para interpretar um coeficiente de correlação, é considerar o seu quadrado, r^2, designado por *coeficiente de determinação*. Pode demonstrar-se que o coeficiente de determinação é a proporção da variância de Y, que pode ser predita a partir de X:

$$r^2 = \frac{s_{y'}^2}{s_y^2}$$

Sendo r^2 a razão de duas variâncias, então pode ser considerado como uma proporção. Se, por exemplo, $r = 0.80$, $r^2 = 0.64$, significando que 64% da variação de Y pode ser predita a partir da variação de X. Vemos, então, que é necessário uma correlação de 0.71 para concluir que 50% da variação duma variável pode ser atribuível à outra!

A diferença $1 - r^2$ é, pelo contrário, uma estimação da proporção da variação de Y que não se pode atribuir à variação de X. Calcula-se as vezes um coeficiente de alienação que é a raiz quadrada de $1 - r^2$: $\sqrt{1 - r^2}$. É o contrário do coeficiente de correlação na medida em que o coeficiente de correlação descreve o grau de associação entre duas variáveis e o coeficiente de alienação descreve o grau de falta de associação entre as duas variáveis.

É importante sublinhar que se deve evitar interpretar uma correlação como se de uma relação de causa-efeito se tratasse: muitas vezes, duas variáveis estão correlacionadas porque ambas estão correlacionadas com uma terceira.

15.2.3. *Factores que afectam a correlação*

O valor dum coeficiente de correlação pode ser afectado por vários factores:

a) Quando uma amostra é seleccionada em relação a X, a variância s_x^2 é menor do que a variância duma amostra aleatória e, por conseguinte, a variância s_y^2 e o coeficiente de correlação entre X e Y são também reduzidos. Por exemplo, a correlação entre um teste de memória e os resultados escolares é maior numa amostra de alunos do ensino primário do que numa amostra de estudantes universitários, visto que esta última é mais homogénea em relação à memória.

b) Quando a relação não é linear, podemos obter correlações baixas ou nulas mesmo se existir uma relação entre as duas variáveis. Por exemplo, se a relação entre X e Y for curvilinear e se for possível fazer uma boa predição de Y a partir de X, a correlação r será próxima de 0. Devemos concluir que uma correlação fraca não significa forçosamente que não há relação entre as duas variáveis, mas, antes, que o modelo linear não é adequado para descrever a relação entre as observações. De forma geral, devíamos verificar que uma relação não é linear a partir do diagrama de dispersão.

c) Podemos calcular um coeficiente de correlação mesmo quando as distribuições das variáveis não são normais. No entanto, um coeficiente de correlação calculado entre duas variáveis de distribuições diferentes, pode ser muito reduzido por causa da diferença de formas. Alguns autores aconselham a aplicar um outro coeficiente de correlação linear, por exemplo o coeficiente de correlação ordinal de Spearman, quando as distribuições das variáveis fogem muito da normalidade.

15.2.4. *Limites de confiança do coeficiente de correlação*

A distribuição amostral dos coeficientes de correlação foi estudada. A sua forma depende do valor ρ (a letra grega rho) da correlação populacional. Com efeito, quanto mais ρ se afasta de 0, tanto mais a distribuição amostral tende a ser assimétrica. Fisher resolveu esta dificuldade transformando os valores de r em valores z_r por meio da fórmula: $z_r = \frac{1}{2}\log(1+r) - \frac{1}{2}\log(1-r)$.

Os valores obtidos a partir desta transformação figuram em tabelas: a cada valor de r corresponde um valor z_r que pode ser positivo ou negativo. A distribuição amostral dos z_r é aproximadamente normal e o erro-padrão desta distribuição, que depende do efectivo da amostra, é dado pela fórmula:

$$\sigma_{z_r} = 1 \Big/ \sqrt{N-3}$$

Com a transformação do r em z_r, podemos determinar os limites de confiança do coeficiente de correlação, utilizando a fórmula apresentada no Módulo 8, e que se torna, neste caso:

$$z_r \pm z_c \sigma_{z_r}$$

Módulo 15: Medidas de Associação para duas Variáveis numéricas 157

Na prática, raramente se utilizam os limites de confiança do coeficiente de correlação. É mais vulgar procurar determinar a significância dum coeficiente de correlação ou testar a significância da diferença entre dois coeficientes de correlação.

15.2.5. *Significância do coeficiente de correlação*

Podemos determinar se a correlação entre duas variáveis é significativa, ou seja, testar a hipótese nula de que, na população, o valor do coeficiente de correlação é igual a 0 (H_0: $\rho = 0$). Pode proceder-se de duas maneiras:

1. Consultar as tabelas construídas a partir da distribuição amostral do r que fornecem, para diferentes níveis de significância, os limiares a partir dos quais o valor do r obtido é significativo. Se o valor obtido, para um número de graus de liberdade igual a N - 2, for igual ou superior ao valor da tabela, a correlação entre as duas variáveis é significativa.

2. Pode também aplicar-se um teste da distribuição de t (teste bicaudal):

$$t = r\sqrt{\frac{N-2}{1-r^2}}$$

com N - 2 graus de liberdade, em que N corresponde ao número de pares de observações.

15.2.6. *Comparação de dois coeficientes de correlação*

Para determinar se dois coeficientes de correlação r_1 e r_2, calculados com amostras de tamanho N_1 e N_2, diferem significativamente, procura-se os valores z_{r_1} e z_{r_2}, que correspondem a r_1 e r_2, mediante a utilização das tabelas de transformação. A hipótese nula é H_0: $\rho_1 = \rho_2$ ou H_0: $\rho_1 - \rho_2 = 0$.

Como o erro-padrão da distribuição amostral dos valores z_r é dado por $\sigma_{z_r} = 1/\sqrt{N-3}$, o erro-padrão das diferenças entre dois valores de z_r é dado por:

$$\sigma_{z_{r_1} - z_{r_2}} = \sqrt{\sigma_{z_{r_1}}^2 + \sigma_{z_{r_2}}^2} = \sqrt{1/(N_1-3) + 1/(N_2-3)}$$

Dividindo a diferença entre os dois valores de z_r pelo erro-padrão das diferenças, obtemos a fórmula:

$$z = \frac{z_{r1} - z_{r2}}{\sqrt{1/(N_1 - 3) + 1/(N_2 - 3)}}$$

O valor observado pode ser comparado com os valores críticos da distribuição normal reduzida. Quando $z \geq 2.58$, a diferença é significativa ao nível de $\alpha = 0.01$ e quando $z \geq 1.96$, ela é significativa ao nível de $\alpha = 0.05$ (para um teste bicaudal).

15.3. A correlação linear ordinal

O coeficiente de correlação ordinal ρ (rho) de Spearman é uma estatística definida de tal maneira que o seu valor será de +1 quando as ordens estiveram na mesma sequência, de -1 quando elas estiveram na sequência inversa, e de zero quando estiveram arranjadas de maneira aleatória.

15.3.1. Determinação do coeficiente de correlação

A medida de diferença entre as ordens Σd^2 [1] é utilizada na definição do coeficiente de correlação ordinal de Spearman, que é:

$$\rho = 1 - \frac{2\sum d^2}{\sum d^2_{MAX}}$$

em que $\sum d^2_{MAX} = N(N^2 - 1)/3$

Substituindo esta expressão na fórmula acima, obtemos:

$$\rho = 1 - \frac{6\sum d^2}{N(N^2 - 1)}$$

---

[1] Ver Anexo 1.

Módulo 15: Medidas de Associação para duas Variáveis numéricas 159

Quando as ordens seguem a mesma sequência, $\sum d^2 = 0$ e $\rho = 1$. Quando as ordens estão invertidos, $\sum d^2 = \sum d_{MAX}^2$ e $\rho = -1$. No caso da independência entre as variáveis, $\sum d^2 = \sum d_{MAX}^2 / 2$ e $\rho = 0$.

A fórmula do coeficiente de correlação ordinal de Spearman, implica que as ordens sejam os N primeiros números inteiros, sem empates. Quando há muitos empates, introduzimos um erro que pode afectar o valor de ρ. Neste caso, é aconselhável calcular um coeficiente r.

15.3.2. *Interpretação do coeficiente* ρ

A distribuição amostral dos coeficientes ρ de Spearman foi estudada e temos tabelas que dão, para pequenos efectivos ($N \le 30$), os valores críticos de ρ aos níveis de significância de 0.05 e 0.01. No entanto, quando N é igual ou superior a 10, podemos testar a significância de ρ, utilizando um teste t com a fórmula:

$$t = \rho \sqrt{\frac{N-2}{1-\rho^2}}$$

com gl = N – 2

Nota: Existe um outro coeficiente de correlação ordinal muito utilizado, o coeficiente tau de Kendall, τ, que leva a resultados similares.

Os problemas da correlação

Os procedimentos da correlação métrica são geralmente utilizados tanto com variáveis ordinais como com variáveis métricas. Esta prática é justificada, por alguns autores, pelo facto do cálculo da correlação de Spearman também requerer variáveis com intervalos equivalentes, o que não é uma característica definicional das variáveis ordinais.

As dificuldades ligadas à interpretação dum coeficiente de correlação estão na origem de algumas tentativas para avaliar a importân-

160   *Análise de Dados na Investigação em Psicologia*

cia duma relação. Segundo Diamantopoulos & Schlegelmilch (1997), por exemplo, pode-se considerar que uma correlação é forte se a medida de associação é superior a 0.8. Entre 0.4 e 0.8, a relação é "moderada", abaixo de 0.4, ela tende a ser vista como fraca. Por seu lado, Bryman & Cramer (1992) citam os critérios de Cohen & Holliday (1982): abaixo de .19 a correlação é muito baixa; de 0.20 a 0.30, é baixa; entre 0.40 e 0.69, é moderada; de 0.70 a 0.89, é elevada; acima de 0.89 é muito elevada.

Ainda segundo Bryman & Cramer, o facto da correlação ser sensível ao efectivo da amostra salienta a importância de indicar o número de casos que foram incluídos no cálculo. Com efeito, com 500 casos, um r de apenas 0.088 é suficiente para ser significativo ao nível de $\alpha = 0.05$ (com um teste unicaudal) enquanto que, com 18 casos, é preciso ter um valor de 0.468, no mínimo.

Por fim, retomando os problemas de interpretação dos níveis de significância, os dois autores sublinham que seria absurdo dizer que uma correlação de 0.17, significativa ao nível de $\alpha = 0.001$ (com $N = 1000$), é mais importante que uma correlação de 0.43, apenas significativa a $\alpha = 0.01$ (com $N = 42$). A força da relação é maior no segundo caso, embora haja também uma maior probabilidade do resultado ser devido às flutuações de amostragem.

15.4. A correlação no SPSS

15.4.1. *Construir um diagrama de dispersão*

Graphs
    Scatter/Dot
        Simple Scatter

15.4.2. *O coeficiente de correlação de Pearson*

Analyze
    Correlate
        Bivariate
            Correlation Coefficients: Pearson

15.4.3. *O coeficiente de correlação de Spearman*

Analyze
  Correlate
    Bivariate
      Correlation Coefficients: Spearman

15.5. Exercício

Ficha 9: Medidas de associação para duas variáveis numéricas.

Pode-se estudar a correlação linear entre mais do que duas variáveis. A correlação parcial e a correlação múltipla, por exemplo, são apresentadas no Módulo 24.

Entretanto, continuamos com o estudo da relação entre duas variáveis numéricas. Com efeito, se duas variáveis estão correlacionadas, pode-se procurar predizer o valor duma variável a partir do conhecimento do valor da outra variável. O módulo seguinte apresenta este procedimento.

MÓDULO 16:

A REGRESSÃO LINEAR SIMPLES

Quando duas variáveis estão significativamente correlacionadas, podemos estar interessados em avaliar ou predizer o valor duma variável a partir do conhecimento do valor da outra. Por exemplo, se as pessoas altas tendem a ter um peso mais elevado do que as pessoas baixas, podemos procurar avaliar o peso duma pessoa a partir da sua altura ou, inversamente, avaliar a altura da pessoa a partir do seu peso. Chama-se regressão simples ao método que permite predizer o valor duma variável a partir duma única outra variável.

16.1. A equação da linha recta

O método de predição utiliza uma fórmula matemática conhecida como a equação de regressão, que é baseada no modelo da correlação perfeita. Sabemos que, neste caso, todos os pontos no diagrama de dispersão formam exactamente uma recta. Ora, a equação geral de qualquer linha recta é dada por:

$$Y = a + bX$$

em que

a é a distância da origem até ao ponto em que a recta corta o eixo dos Y, ou seja, é o valor de Y quando $X = 0$

b é a inclinação da recta, ou o seu declive, a quantidade em que Y muda quando X aumenta uma unidade.

Se a e b forem conhecidos, podemos predizer o valor de Y que corresponde a qualquer valor de X. Naturalmente, como, na prática, é muito raro ter uma correlação perfeita, devemos encontrar a linha recta que melhor resume os nossos dados, para que possamos fazer a melhor predição.

16.2. Escolha da recta de regressão

Para predizer o valor de Y que corresponde a um determinado valor de X, vamos ajustar ao conjunto de pontos uma linha recta que representa a variação média de Y em função da variação de X. O método utilizado para traçar a "melhor recta de ajustamento" a um conjunto de pontos é o método dos mínimos quadrados. O método dos mínimos quadrados coloca a recta numa posição tal que a soma dos quadrados das distâncias dos pontos à recta, calculadas paralelamente ao eixo dos Y, seja mínima. Esta recta é conhecida como a recta de regressão de Y em X. Por exemplo, a Figura 16.1 mostra a recta que melhor permite avaliar a nota da prova de valsa a partir da nota da prova de tango.

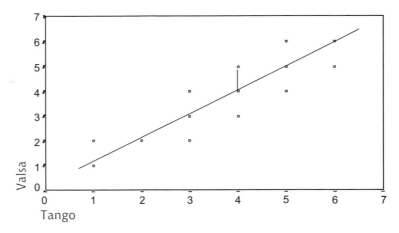

Figura 16.1: *Relação entre as notas de valsa e as notas de tango. Diagrama de dispersão e recta de regressão de Y em X.*

A recta de regressão permite obter uma estimativa do valor de Y que corresponde a um valor de X (a estimação é simbolizada por Y'). Na figura acima, cada valor de X tem um valor correspondente Y e um valor Y' sobre a recta de regressão. A distância entre o ponto Y e o ponto Y', paralela ao eixo dos Y, é simplesmente a diferença Y − Y'. Por outras palavras, a recta é colocada numa posição tal que a quantidade $\Sigma(Y - Y')^2$ seja mínima.

16.3. A equação de regressão

O declive da recta de regressão de Y em X é simbolizado por B_1 que, geralmente é designado por coeficiente de regressão. O ponto em que a recta corta o eixo dos Y escreve-se B_0. É uma constante, por vezes designada por ponto de intercepção (ou intercepto). Na medida em que, no modelo estatístico da linha recta, nem todos os pontos caiem na linha, é preciso acrescentar um termo de erro. Assim, a equação de regressão escreve-se da forma seguinte:

$$Y' = B_0 + B_1 X + \varepsilon$$

Os valores de B_1 e B_0 podem ser calculados mediante as fórmulas seguintes:

$$B_1 = \frac{N\Sigma XY - \Sigma X \Sigma Y}{N\Sigma X^2 - (\Sigma X)^2} = \frac{\Sigma XY - N\overline{X}\,\overline{Y}}{\Sigma X^2 - N(\overline{X})^2}$$

$$B_0 = \frac{\Sigma Y - B_1 \Sigma X}{N} = \overline{Y} - B_1 X$$

16.4. Relação entre regressão e correlação

Para qualquer diagrama de dispersão, existem duas rectas de regressão. A primeira utiliza-se para predizer Y a partir de X. Esta recta é colocada de tal forma que seja mínima a soma dos quadrados

dos desvios paralelos ao eixo dos Y. A segunda utiliza-se para predizer X a partir de Y e é colocada de forma a que seja mínima a soma dos quadrados dos desvios paralelos ao eixo dos X.

Se existir uma correlação perfeita entre X e Y, o coeficiente de correlação será igual a -1 ou +1. Nestas situações, as duas rectas de regressão coincidem e todos os pontos formam exactamente uma linha recta: assim, é possível uma predição perfeita. Se o coeficiente de correlação diferir de -1 ou +1, o ângulo formado pelas duas rectas de regressão será tanto menor quanto mais elevado for o coeficiente de correlação: o conhecimento duma variável implica que conheçamos qualquer coisa acerca da outra. Quando não há nenhuma relação (ou pelo menos não há uma relação linear) entre as duas variáveis, as rectas de regressão estão em ângulo recto e r = 0: o conhecimento duma variável não fornece nenhuma informação sobre a outra.

16.5. Condições de aplicação

Em geral, a equação de regressão é utilizada para predizer os valores de Y na população, visto que, na amostra, os valores das duas variáveis são conhecidas. As inferências sobre os valores populacionais são baseadas nas assunções seguintes:

1. Para qualquer valor de X, a distribuição dos valores de Y deve ser normal.
2. Todos os valores de Y devem ser independentes, ou seja, observações que provêm de indivíduos diferentes.
3. Os valores médios dos Y estimados formam uma linha recta (a recta de regressão populacional), o que significa que o modelo linear é correcto.

Nota: Pode-se calcular os limites de confiança para a predição, quer para uma observação particular, quer para a média de todas as predições possíveis. No entanto, este procedimento complexo raramente se efectua à mão. O programa do SPSS fornece para cada valor de X o valor predito de Y, com os respectivos limites de confiança.

16.6. A regressão linear no SPSS

16.6.1. *Obter a equação de regressão*

Analyze
  Regression
    Linear

16.6.2. *Obter os valores preditos e os limites de confiança da predição*

Analyze
  Regression
    Linear
      Save: Predicted Values Unstandardized
        Prediction Intervals (Mean ou *Individual)*

16.7. Exercício

Utilizando os dados da Ficha 9:

a) Determinar a equação de regressão de Y em X
b) Predizer a nota do verificador a partir duma nota de 14 no IVM
c) Determinar os limites de confiança de 95% da predição.

Pode-se efectuar a análise de regressão linear com mais do que duas variáveis (ver Módulo 25). Aliás, juntamente com a análise da variância, a análise de regressão múltipla é um dos procedimentos mais vulgarmente utilizados na investigação em psicologia. O objectivo da regressão múltipla não é tanto o de predizer os valores duma variável (dependente) a partir do conhecimento dos valores de outras variáveis (independentes), mas antes o de avaliar o peso relativo de vários factores sobre a característica estudada.

No módulo seguinte, vamos introduzir a análise da variância, continuando o estudo iniciado no Módulo 13 dos testes para mais do que dois grupos e uma variável.

MÓDULO 17:

TESTES PARA VÁRIOS GRUPOS
E UMA VARIÁVEL NUMÉRICA

Quando se quer comparar mais do que dois grupos relativamente a uma característica, não se pode utilizar os procedimentos apresentados no Módulo 13. Recorre-se, então, à análise da variância com um factor (ou uma dimensão, vulgarmente denominada "one-way ANOVA"). Note-se que esta análise constitui a mais simples dum conjunto de técnicas estreitamente associadas ao método experimental e que os procedimentos apresentados aqui serão desenvolvidos no Módulo 21.

A análise da variância com uma dimensão utiliza-se quando se quer comparar as médias de vários grupos simples, ou seja, grupos formados por indivíduos escolhidos ao acaso (por exemplo, um investigador português quer determinar se os apoiantes das três principais equipas de futebol diferem relativamente ao grau de confiança que manifestam na sua equipa). De forma geral, a hipótese nula testa que os K grupos têm uma média igual na população, sendo a hipótese alternativa que pelo menos uma média é diferente das outras.

17.1. Comparação de várias médias

17.1.1. *Princípio*

Na análise da variância com uma dimensão considera-se o conjunto formado pelos grupos a comparar e estima-se a variância do conjunto segundo dois processos independentes:

1. Uma estimação que não é influenciada pela existência duma diferença eventual entre as médias dos grupos e que se chama *termo de erro* na medida em que provém duma fonte que não se controla.
2. Uma estimação que é influenciada pela existência duma diferença eventual entre as médias dos grupos e que, por vezes, se chama *variância crítica*.

Se a hipótese nula é verdadeira (quer dizer, se não há diferenças significativas entre as médias dos grupos), a variabilidade dentro de cada grupo deve ser mais ou menos igual à variabilidade entre os grupos. Neste caso, as duas estimações da variância são iguais, dentro dos limites das flutuações de amostragem, e a sua razão deve ser próxima de 1. Chama-se *razão F* a esta razão cuja significância pode ser testada comparando o valor do F obtido com os valores críticos da distribuição de F de Snedecor.

17.1.2. *Notação*

Constrói-se, a partir das observações efectuadas, o quadro de dados seguinte:

Gr1	Gr2	GrK
X_{11}	X_{12}	X_{1K}
X_{21}	X_{22}	X_{2K}
X_{31}	X_{32}	X_{3K}
...	...	...
X_{n1}	X_{n2}	X_{nK}

O primeiro índice é o número do dado
O segundo índice é o número do grupo[1]

---

[1] Quando os dados são apresentados num quadro, o primeiro índice refere-se à linha e o segundo índice refere-se à coluna.

Número de grupos: K

Número de dados: $n_1 + n_2, + ... + n_K = N$

Soma dos dados em cada grupo:

$$\Sigma X_{i1} = T_1 \qquad \Sigma X_{i2} = T_2 \qquad \Sigma X_{iK} = T_K$$

Soma dos dados no conjunto (designado em seguida por grupo total):

$$T_1 + T_2 + ... + T_K = T$$

Média de cada grupo:

$$T_1 / n_1 = \overline{X}_1, \ T_2 / n_2 = \overline{X}_2, \ ..., \ T_K / n_K = \overline{X}_K$$

Média geral: $\overline{X}$

17.1.3. Procedimento

17.1.3.1. Somas dos quadrados dos desvios

A variabilidade no grupo total é representada pela soma dos quadrados dos desvios (SQ) de cada observação em relação à média geral [2]:

$$SQ_t = \Sigma\Sigma(X_{ij} - \overline{X})^2$$

em que:

$X_{ij} = i°$ membro do $j°$ grupo

$\Sigma\Sigma$ = a soma efectua-se em cada grupo (primeiro sinal) e os totais de cada grupo adicionam-se (segundo sinal).

---

[2] SQ corresponde à abreviatura em inglês SS: sum of squares.

Para obter as duas estimações da variância, decompomos a variabilidade total (SQ$_t$) em dois termos independentes, que reflectem a importância de duas fontes de variação:

a) a variabilidade devida às diferenças entre os indivíduos no interior dos grupos, que corresponde à soma dos quadrados dos desvios nos grupos (dentro dos grupos: SQ$_d$);

b) a variabilidade devida às diferenças entre os grupos estudados, que corresponde à soma dos quadrados dos desvios entre os grupos (SQ$_e$).

Pode demonstrar-se que SQ$_t$ = SQ$_d$ + SQ$_e$:

1. para cada dado:

$$(X_{ij} - \overline{X}) = (X_{ij} - \overline{X}_j) + (\overline{X}_j - \overline{X})$$

em que

$$X_{ij} - \overline{X}_j = \text{desvio da observação à média do grupo}$$

$$\overline{X}_j - \overline{X} = \text{desvio da média do grupo à média geral}$$

2. elevando ao quadrado e somando os n$_j$ dados, obtemos, para cada grupo:

$$\Sigma\left(X_{ij} - \overline{X}\right)^2 = \Sigma\left(X_{ij} - \overline{X}_j\right)^2 + n_j\left(\overline{X}_j - \overline{X}\right)^2$$

3. somando os K grupos

$$\Sigma\Sigma\left(X_{ij} - \overline{X}\right)^2 = \Sigma\Sigma\left(X_{ij} - \overline{X}_j\right)^2 + \Sigma n_j\left(\overline{X}_j - \overline{X}\right)^2$$

Na prática, calcula-se as somas dos quadrados dos desvios utilizando as fórmulas seguintes:

$$SQ_t : \Sigma\Sigma\left(X_{ij} - \overline{X}\right)^2 = \Sigma\Sigma X_{ij}^2 - \frac{T^2}{N} \quad \text{ou ainda} \quad \Sigma\Sigma X^2 - \frac{T^2}{N}$$

$$SQ_d : \Sigma\Sigma\left(X_{ij} - \overline{X}_j\right)^2 = \Sigma\Sigma X_{ij}^2 - \Sigma\frac{T_j^2}{n_j} \Rightarrow \Sigma\Sigma X^2 - \Sigma\frac{T_j^2}{n_j}$$

$$SQ_e : \Sigma n_j \left(\overline{X}_j - \overline{X} \right)^2 = \Sigma \frac{T_j^2}{n_j} - \frac{T^2}{N} \quad \Rightarrow \quad \Sigma \frac{T_j^2}{n_j} - \frac{T^2}{N}$$

em que

$$\Sigma X_{ij} = T_j \qquad \Sigma\Sigma X_{ij} = \Sigma\Sigma X = T \qquad \overline{X}_j = \frac{T_j}{n_j}$$

17.1.3.2. Número de graus de liberdade

A cada uma das somas dos quadrados dos desvios corresponde um determinado número de graus de liberdade, calculado da maneira seguinte:

1) no grupo total: $gl_t = N - 1$ (há N valores aleatórios e uma relação independente: a média geral)
2) dentro dos grupos: $gl_d = N - K$ (a cada um dos K grupos corresponde uma média)
3) entre os grupos: $gl_e = K - 1$ (há K médias com uma média das médias – ou média geral).

Os graus de liberdade são também adicionáveis:

$$(N - 1) = (N - K) + (K - 1)$$

17.1.3.3. Estimações da variância

As estimações da variância obtêm-se, dividindo as somas dos quadrados dos desvios pelos respectivos números de graus de liberdade. Estas estimações chamam-se quadrados médios (QM)[3].

As estimações da variância são dadas, por conseguinte, por:

$$QM_t = \frac{SQ_t}{gl_t} \qquad QM_d = \frac{SQ_d}{gl_d} \qquad QM_e = \frac{SQ_e}{gl_e}$$

Evidentemente, os quadrados médios não são adicionáveis.

---

[3] QM corresponde à abreviatura em inglês MS: mean squares.

17.1.3.4. *Razão F*

Para comparar as duas estimações da variância calcula-se a razão F, colocando no numerador a estimação da variância entre os grupos e no denominador a estimação da variância nos grupos:

$$F = \frac{QM_e}{QM_d}$$

Se o F for muito superior a 1, podemos esperar rejeitar a hipótese nula a favor da hipótese alternativa, concluindo que há provavelmente uma diferença entre as médias das populações: se existir uma diferença significativa entre as médias dos grupos, a variância crítica será superior ao termo de erro.

A significância do F é fornecida pelas tabelas do F, com gl = K - 1 no numerador e gl = N - K no denominador (o teste é unilateral).

Nota: A análise da variância efectuada com dois grupos mostra que $\sqrt{F} = t$.

17.1.4. *Condições de aplicação*

A análise da variância com uma dimensão pode aplicar-se qualquer que seja o número de grupos e o número de sujeitos nos grupos.

No entanto, estão implicadas as seguintes condições:

– os grupos são independentes;
– as únicas fontes de variabilidade são as diferenças entre os grupos, e as diferenças *aleatórias* nos grupos;
– a distribuição dos dados é normal[4], se bem que um certo desvio não afecte consideravelmente os resultados;

---

[4] A normalidade pode verificar-se com o teste de Kolmogorov-Smirnov (ver Módulo 10) ou observando a distribuição de cada grupo por meio dum histograma. Se a distribuição dos dados foge muito da normal, pode-se efectuar uma análise para ordens de Kruskal-Wallis (ver d'Hainaut, 1990, por exemplo).

Módulo 17: Testes para vários Grupos e uma Variável numérica

– as variâncias das populações donde as amostras são extraídas são homogéneas, embora, neste caso também, as diferenças não tenham repercussão importante (a homogeneidade pode testar-se com o teste de Levene (ver 17.3).

Nota: Quando as condições de normalidade ou de homogeneidade não são preenchidas, pode aplicar-se aos dados transformações para obter uma variável que se aproxima mais das condições desejadas: $\sqrt{X}$, logX, 1/X. Muitos autores no entanto consideram que a análise é robusta, mesmo quando as assunções não são preenchidas.

17.2. Comparação dos grupos dois a dois

Se a razão F revela que existe uma diferença entre as médias dos grupos comparados, ela não indica donde provém esta diferença: será que uma média é significativamente diferente das outras, ou que todas as médias diferem umas das outras? Para responder a esta questão existem vários procedimentos. Vamos limitar-nos a apresentar dois testes para múltiplas comparações (*multiple range tests*): o teste t de Student, que já conhecemos, e o teste de Scheffé.

17.2.1. O teste t de Student

Podemos comparar os grupos dois a dois, utilizando a fórmula habitual do teste t de Student (ver Módulo 13). No entanto, neste caso, emprega-se o valor do termo de erro (QM_d) como variância estimada da população:

$$t = \frac{\left| \overline{X}_i - \overline{X}_j \right|}{\sqrt{QM_d/n_i + QM_d/n_j}} \qquad \text{com } gl = N - K$$

Este teste, muito utilizado, é bastante liberal e pode levar a erros de Tipo I.

17.2.2. O teste de Scheffé

Podemos também aplicar o teste desenvolvido por Scheffé, que é muito mais conservador (diz-se que pode levar a erros de Tipo II). Neste caso, é necessário:

a) calcular um coeficiente F em vez do t, utilizando a mesma estimação da variância (lembremo-nos que F = t^2);

$$F = \frac{\left(\overline{X}_i - \overline{X}_j \right)^2}{QM_d/n_i + QM_d/n_j}$$

b) consultar a tabela do F ao nível de significância escolhido (α = .01 ou α = .05), com K - 1 graus de liberdade no numerador e N - K graus de liberdade no denominador.
c) calcular um valor F' igual a: (K - 1)F.
d) comparar os valores F e F': as diferenças entre os pares de grupos são consideradas como significativas se F for superior ou igual a F'.

17.3. Comparação de várias variâncias

Como muitos testes paramétricos, a análise de variância com uma dimensão requer a homogeneidade de variância das populações donde as amostras são retiradas. O teste de Levene é um dos vários métodos que permite comparar mais do que duas variâncias. Para efectuar o teste, começa-se por calcular a diferença – em módulo – entre cada observação e a média do respectivo grupo, e efectua-se, em seguida, uma análise de variância sobre as diferenças resultantes.

17.4. Os testes para vários grupos e uma variável numérica no SPSS

Para obter a razão F:

Analyze
  Compare Means
    One-Way ANOVA

Para comparar as médias duas a duas com o t de Student, juntar:

Post Hoc...
Test: Least-significant difference (LSD)

Para comparar as médias duas a duas com o teste de Scheffé, juntar:

Post Hoc...
Test: Scheffé

Para comparar várias variâncias, acrescentar:

Options:
Homogeneity of variance test

17.5. Exercício

Ficha 10: Testes para vários grupos e uma variável numérica

Quando estamos numa situação em que temos uma variável independente (nominal) e uma variável dependente (numérica), podemos interrogar-nos sobre a intensidade da associação entre as duas variáveis. O procedimento que permite avaliar a relação entre uma variável nominal e uma variável numérica é apresentado no módulo seguinte.

MÓDULO 18:

MEDIDA DE ASSOCIAÇÃO ENTRE UMA
VARIÁVEL NOMINAL E UMA VARIÁVEL NUMÉRICA

Na análise da variância com uma dimensão, estão implicadas duas variáveis: uma variável independente – que é geralmente nominal – e uma variável dependente, numérica. Se quisermos avaliar o grau de associação entre estas duas variáveis, utiliza-se o coeficiente eta (η). De forma geral, recorre-se a este coeficiente para apreciar a associação entre uma variável nominal e uma variável numérica.

Habitualmente, estamos mais interessados em conhecer o valor de eta^2. Com efeito, tal como o r^2 permite interpretar o coeficiente de correlação r, indicando a proporção de variação de Y que pode ser predita a partir de X, o eta^2 permite avaliar a proporção de variação na variável dependente que se pode atribuir à variável independente.

18.1. Procedimento

Na análise da variância com uma dimensão, a variabilidade no grupo total é representada pela soma dos quadrados dos desvios de cada observação em relação à média geral. Para obter as duas estimações da variância, decompomos a soma total dos quadrados dos desvios em dois termos independentes, a soma dos quadrados dos desvios nos grupos e a soma dos quadrados dos desvios entre os grupos.

A soma dos quadrados dos desvios entre os grupos é a parte da variabilidade que pode ser atribuída à variável independente. A soma dos quadrados dos desvios nos grupos é a parte da variabili-

180   *Análise de Dados na Investigação em Psicologia*

dade que pode ser atribuída a outros factores. Por conseguinte, a relação entre as duas variáveis pode ser expressa na forma da razão seguinte:

$$\eta^2 = \frac{SQ_e}{SQ_t} = 1 - \frac{SQ_d}{SQ_t}$$

Chama-se à estatística eta^2 a razão de correlação.

18.2. Interpretação

A razão de correlação pode ser interpretada como a proporção de variação na variável dependente que pode ser atribuída à variável independente, ou seja, a proporção de variação nos dados que pode ser explicada pelas diferenças entre os grupos.

A razão de correlação varia entre 0 e 1. Com efeito, quando não há relação entre as variáveis, as médias dos vários grupos são iguais e a variância total é igual à variância nos grupos (os desvios são calculados a partir da mesma origem): temos $\eta^2 = 0$. Quando a variável dependente é inteiramente determinada pela variável independente, não há variação dentro dos grupos e a variância nos grupos = 0. Neste caso $\eta^2 = 1$.

18.3. A razão eta^2 no SPSS

Analyze
   Compare Means
      Means
         Options
            Statistics for first layer: ANOVA table and eta

18.4. Exercício

Utilizando os dados da Ficha 10, determinar a proporção de variância nas avaliações que se pode atribuir ao facto de descrever diferentes hotéis.

Módulo 18: Medida de Associação... 181

Com o estudo da estatística eta, terminamos a apresentação das principais medidas de associação. Aproveitamos esta ocasião para fazer uma breve revisão.

18.5. Principais medidas de associação

Várias medidas de associação são utilizadas para descrever o grau de relação entre duas variáveis, em função do nível de medida. O Esquema 4 apresenta as medidas mais utilizadas.

Esquema 4: *Medidas de associação entre duas variáveis*

Variável	Numérica		Não numérica	
	Métrica	Ordinal	Nominal	Dicotómica
Numérica				
Métrica	r de Pearson			
Ordinal		rho de Spearman		
Não numérica				
Nominal			V de Crámer ou C de contingência	
	eta	eta		
Dicotómica				phi

Correlação ou associação?

Segundo vários autores (Moore, 1997 por exemplo), não faz sentido falar de "correlação" entre duas variáveis quando uma delas é de tipo nominal. Pode apenas falar-se de "associação" quando se examina a relação entre, por exemplo, o sexo dos trabalhadores e o seu salário, ou entre a religião e a pertença política dos indivíduos.

MÓDULO 19:

MODIFICAR DADOS OU FICHEIROS COM O SPSS

Neste módulo vamos apresentar como modificar os dados e os ficheiros. Estas modificações constituem, com efeito, algumas das grandes vantagens do trabalho com o computador. Entre outras modificações possíveis, podemos criar novas variáveis, recodificar os valores duma variável, seleccionar um sub-grupo de casos para os analisar separadamente.

19.1. Criar novas variáveis

Podem ser criadas novas variáveis, para diferentes tipos de situações.

19.1.1. *O comando COMPUTE*

Para criar novas variáveis a partir de variáveis existentes, basta clicar em:

Transform
  Compute

Esta operação abre uma caixa de diálogo, onde se podem introduzir as indicações necessárias:

Target variable: o nome da nova variável, a criar

Type&Label...: a definição da nova variável

Numeric expression: definir a expressão utilizada para calcular o valor da nova variável. Para escrever a expressão, pode utilizar-se o teclado ou a lista das variáveis e a máquina de calcular existente na caixa de diálogo.

Podem realizar-se, entre outras, as operações seguintes:

+   adição
-    subtracção
*   multiplicação
/   divisão
**   exponenciação (X**N = X à potência N)
sqrt raiz quadrada (sqrtX = raiz quadrada de X)

assim como mais algumas 70 funções... cuja lista aparece sob **Functions**.

If... permite aplicar a transformação a um sub-grupo de casos

Exemplo: Um investigador perguntou aos sujeitos quantos irmãos (variável: irmao) e quantas irmãs (variável: irma) eles tinham. Quis reunir as duas informações numa única variável indicando o número total de irmãos + irmãs.

Transform
  Compute

Target: irm
Numeric expressão: irmao+irma

19.1.2. *O comando COUNT*

Pode criar-se uma nova variável que contém as ocorrências dum valor através duma lista de variáveis. Este comando é particularmente útil para contar o número de valores omissos por sujeitos. Para criar uma variável que contém as ocorrências dum valor determinado, basta clicar em:

Transform
  Count

Na caixa de diálogo que se abre, podem introduzir-se as indicações necessárias:

Target variable: o nome da nova variável, a criar

Target label... : o rótulo da nova variável

Variables: introduzir, a partir da lista das variáveis, o grupo de variáveis para as quais se quer contar a frequência de aparição dum determinado valor.

Para definir o valor a contar, clicar em *Define Values...*

Na nova caixa de diálogo escolhe-se uma das opções propostas.

Seleccionar uma opção e clicar em *Add*.

De seguida, clicar em *Continue*

If... permite contar as ocorrências do valor num sub-grupo de sujeitos.

Exemplo: Contar os números de valores omissos em todas as variáveis dependentes dum questionário.

Transform
    Count

Target variable: numis
Variables: V1, V2, V3, ... VX
Define values: System- or user-missing

19.1.3. *O comando RECODE*

Podemos modificar os valores de uma variável por recodificação. Esta operação é particularmente útil para agrupar categorias.

Para criar uma nova variável que contém os valores recodificados duma variável existente, basta clicar em:

Transform
  Recode
    Into Different Variables...

Na caixa de diálogo que se abre, damos as indicações de recodificação:

Input Variable → Output Variable

Seleccionar a variável a recodificar.

Clicar na seta. A variável seleccionada entra na coluna "Input Variable".

Definir a nova variável:

Name: introduzir o nome da variável a criar
Label...: dar um rótulo à variável

Clicar em *Change*. O nome da nova variável aparece na coluna "Output Variable".

A recodificação dos valores efectua-se numa nova caixa de diálogo que se abre quando se clica em *Old and New Values...* e onde se escolhe uma das opções propostas.

Old Value -> New value

Os valores da variável existente ("antigos valores") podem ser recodificados escolhendo-se entre as opções seguintes:

Value : recodifica o valor especificado

System-missing : recodifica os valores omissos do sistema

Módulo 19: Modificar Dados ou Ficheiros com o SPSS   187

System- or user-missing : recodifica todos os valores omissos

Range : recodifica todos os valores dentro dos limites especificados

Range: Lowest through.. : recodifica todos os valores inferiores ao valor especificado

Range: ..through highest : recodifica todos os valores superiores ao valor especificado

All other values : recodifica todos os valores que não foram especificados

Por cada valor ou amplitude escolhido, especificar o valor que se deve entrar na variável criada. De seguida clicar em *Add*. Podem escolher-se as opções seguintes:

Value : substituir pelo valor especificado

System-missing : substituir pelos valores omissos do sistema

Copy old value(s) : manter o valor antigo

If... permite aplicar as recodificações a um sub-grupo de sujeitos.

Exemplo: Numa investigação realizada com sujeitos de diferentes idades, quer-se constituir dois grupos etários, separando os jovens dos adultos. Considerando o problema estudado, decide-se adoptar a idade de 20 anos como limite inferior da categoria "adultos".

Transform
  Recode
    Into Different Variables...

Idade →

Output Variable:
Name : novidade

Change.

Old and New Values...

Old Value

Seleccionar: Range: Lowest through ...:
Introduzir : 19

New value

Seleccionar: Value:
Introduzir : 1

Add

Old Value

Seleccionar: Range: ... through highest:
Introduzir : 20

New value

Seleccionar: Value:
Introduzir : 2

Add

Nota: As transformações são efectuadas logo que as novas variáveis são utilizadas. Se não for solicitado nenhum tratamento, podem efectuar-se as transformações clicando em:

Transform
  Run Pending Transforms

19.2. Seleccionar dados

Esta opção utiliza-se quando se quer analisar separadamente os dados relativos a sub-grupos de sujeitos, nos quais se tem um interesse particular (para averiguar, por exemplo, quais as características específicas às mulheres, ou aos jovens, etc). Para seleccionar um sub-grupo de casos, basta clicar em:

Data
   Select Cases...

A selecção efectua-se numa caixa de diálogo em que se encontram várias opções. Duas são particularmente úteis:

Select

All cases. Esta é a opção por defeito. Significa que todos os casos do ficheiro de dados são tratados.

If condition is satisfied. Esta opção permite seleccionar os casos em função dum determinado critério.

Depois de ter escolhido esta opção, clicar em *If...*

Na nova caixa de diálogo, define-se o critério de selecção:

Seleccionar a variável adequada.

Clicar na seta.

Definir o critério de selecção, mediante o teclado ou a máquina de calcular.

Clicar em *Continue*

Exemplo: Num questionário administrado aos empregados duma empresa, a informação acerca do estado civil foi codificada na variável *estciv*. Foram atribuídos os códigos 1 às pessoas solteiras, 2 às casadas e 3 às divorciadas ou viúvas. Seleccionar as respostas das pessoas casadas.

Data
 Select Cases...

Select

Escolher: If condition is satisfied.
Clicar em *If...*

Seleccionar a partir da lista das variáveis: estciv.
Clicar na seta.
Introduzir de seguida = 2

As análises que se seguem serão efectuadas apenas nos casos que respondem ao critério definido (estciv = 2).

19.3. Exercício

Ficha 11: Modificações de dados ou de ficheiros.

MÓDULO 20:

MAIS SOBRE O SPSS

Neste módulo vamos apresentar dois aspectos importantes do SPSS: (a) vamos descrever como utilizar o menu de ajuda quando se encontram dificuldades com os procedimentos estatísticos ou informáticos, (b) vamos indicar como se pode melhorar a apresentação de resultados que queremos imprimir ou copiar para um ficheiro de texto.

20.1. O menu de ajuda

O SPSS para Windows oferece diferentes possibilidades de obter informações sobre a utilização do programa e a interpretação dos resultados. Pode-se obter ajuda muito simples e eficazmente de várias formas:

- clicar na tecla *Help* quando estamos numa caixa de diálogo: entramos no menu de ajuda directamente na secção que descreve o procedimento que queremos aplicar.
- clicar no botão direito do rato sobre qualquer item quando estamos numa caixa de diálogo: obtém-se a informação acerca do item.
- clicar duas vezes num quadro de resultados quando estamos no Viewer (a janela de saída). Quando o quadro está seleccionado, clicar na opção *Help* da barra de menu do Viewer. Clicar em *Results Coach* e obtemos todas as explicações relativas às informações contidas no quadro seleccionado.
- seleccionar um quadro de resultados quando estamos no Viewer, clicando duas vezes no quadro. Quando o quadro

está seleccionado, clicar no botão direito do rato no termo sobre que pretendemos obter informação. Seleccionar "What's This?" no menu contextual que se abre e obtemos a definição do termo.

– clicar em *Help* na barra do menu principal e, de seguida, em *Topics* (*Temas*) quando estamos numa janela qualquer do SPSS. Se de seguida clicarmos em *Índice (Contents)*, obtemos a lista das grandes componentes do programa. Se clicarmos em *Índice remissivo (Index)*, obtemos a lista de todos os temas tratados pelo menu. Se clicarmos em *Procurar (Find)*, podemos indicar directamente qual o tema que queremos investigar.

Podemos ainda procurar a ajuda dum "treinador de estatística" (*Statistics coach*), que apresenta os diversos procedimentos estatísticos. Para isso, basta clicar em *Help* na barra do menu principal quando estamos numa janela qualquer do SPSS.

20.2. As janelas de saída

Com a versão 14.0 do SPSS, os resultados podem ser apresentados em duas janelas: na janela de saída por defeito, o *Viewer* (cf. 20.4), ou na janela de "rascunho", ou seja no *Draft Viewer*. Apesar desta última janela não permitir uma apresentação dos resultados tão sofisticada como o *Viewer*, pode ser mais prática para uma primeira consulta rápida dos resultados. Algumas funções propostas pelo Editor do SPSS são diferentes nas duas janelas (ver 20.3).

20.3. O Editor do SPSS

Embora seja habitual utilizar-se um programa de tratamento de texto para apresentar os resultados obtidos com o SPSS, o Editor de Texto do SPSS para Windows permite fazer algumas alterações nos ficheiros de sintaxe e de resultados.

20.3.1. Funções básicas

O menu Edit da versão 14.0 do SPSS oferece um grande número de funções. As seguintes funções, básicas, são comuns ao *Viewer* e ao *Draft Viewer*.

Cut. Corta o texto seleccionado e coloca-o no *clipboard*

Copy. Copia o texto seleccionado para o *clipboard*

Paste. Cola o conteúdo do *clipboard* no ponto de inserção, no mesmo ficheiro ou num outro ficheiro de texto

Delete. Corta o texto seleccionado sem o colocar no *clipboard* (não se pode voltar a colar o texto novamente)

Select All. Selecciona o conteúdo inteiro da janela activa

Undo. Anula a última operação efectuada

Options. Ver 20.3.2.

20.3.2. A *função* Options

Este comando do Editor permite fixar algumas condições de funcionamento do SPSS. Aconselhamos a examinar as numerosas possibilidades oferecidas. Limitamo-nos a mencionar duas opções que consideramos particularmente úteis e que se encontram em *"General"*:

20.3.2.1. *Variable Lists*

A opção *Variable Lists* permite determinar duas modalidades de apresentação das variáveis:

1. definir a apresentação das variáveis nas caixas de diálogo. Pode-se escolher entre:

   Display labels (ver os rótulos)
   Display names (ver os nomes atribuídos)

194 *Análise de Dados na Investigação em Psicologia*

2. definir a sequência em que as variáveis aparecem nas listas de variáveis. Pode-se escolher entre:

Alphabetical (por ordem alfabética)
File   (por ordem de introdução no ficheiro)

20.3.2.2. *Output*

A opção Output permite configurar o formato das janelas de saída (língua, notações, etc.) e seleccionar a janela apresentada por defeito, escolhendo, em *Viewer Type at Startup,* entre:

Regular (Viewer normal)
Draft   (Viewer de "rascunho")

20.3.3. *Funções suplementares do Draft Viewer*

Duas funções encontram-se apenas no menu Edit da barra do menu principal dos ficheiros de sintaxe e do *Draft Viewer.*

20.3.3.1. *A função* Find

Para procurar uma cadeia de caracteres:

– clicar em *Find*
– na caixa de diálogo que se abre introduz-se o texto que se quer procurar.

Por defeito, o SPSS procura todas as ocorrências da cadeia de caracteres definida (por exemplo, ao introduzir as letras *valor* encontra-se "valor", "valores" "desvalorizar", etc.). Para limitar a procura aos casos que correspondem exactamente ao texto introduzido (ou seja limitar a procura a "valor"), deve seleccionar-se a opção *Match case.*

20.3.3.2. *A função* Replace

Para procurar uma cadeia de texto e substituí-la por uma outra:

– clicar em *Replace*
– na caixa de diálogo que se abre introduz-se a cadeia de caracteres a procurar depois de *Find what,* e
– introduz-se a cadeia de substituição depois de *Replace with.*

Pode-se procurar uma cadeia de texto a partir da posição do cursor e substituí-la por uma outra, ou substituir automaticamente todas as ocorrências dessa cadeia.

20.3.4. Funções suplementares do Viewer

Duas funções específicas do *Viewer* são particularmente úteis:

Copy objects. Copia as tabelas e os gráficos seleccionados para o *clipboard.* Com a utilização desta opção, os objectos não se podem modificar, uma vez "colados" num outro ficheiro.

Select. Apresenta uma série de opções para seleccionar todas as tabelas, todos os gráficos, etc. que se encontram na janela activa.

20.4. A janela do Viewer

Pode-se dividir a janela do Viewer em duas partes, clicando e arrastando o bordo esquerdo da janela. Obtemos assim, à esquerda, o esboço do conteúdo da janela, e, à direita, as tabelas, os gráficos e os textos de saída.
Pode-se fazer diversas operações:

20.4.1. Procurar os resultados

Pode-se utilizar o elevador à direita da janela para subir ou descer na janela, ou clicar na linha do esboço que corresponde ao que procuramos.

20.4.2. Mostrar ou esconder tabelas e gráficos

Pode-se esconder algumas partes dos resultados, sem as apagar. Para isso:

- clicar duas vezes no ícone do livro (aberto) à esquerda do procedimento, no esboço, ou
- clicar no ícone para seleccionar o procedimento
- escolher o menu *View* na barra do menu principal
- clicar em *Hide.* O procedimento desaparece e o livro fecha-se.

Para esconder o procedimento inteiro, clicar na caixa à esquerda do procedimento, no esboço.

Para voltar a ver os procedimentos escondidos:

- clicar duas vezes no ícone do livro (fechado) à esquerda do procedimento, no esboço, ou
- clicar no ícone para seleccionar o procedimento
- escolher o menu *View* na barra do menu principal
- clicar em *Show*. O procedimento reaparece e o livro abre-se.

20.4.3. *Modificar a ordem de apresentação dos resultados*

Pode-se deslocar, copiar e apagar os resultados no Viewer.

Deslocar um item. Clicar no item no esboço. Arrastá-lo até o local onde devia ser colocado.

Copiar. Clicar no item no esboço. Mantendo premida a tecla *Ctrl*, arrastá-lo até ao local onde deve ser copiado. Pode-se também seleccionar o item e utilizar as opções *Copy* e *Paste* do menu *Edit*.

Apagar. Clicar no item no esboço. Premir a tecla *Delete*, ou clicar na opção *Delete* do menu *Edit*.

20.4.4. *Modificar a apresentação dos resultados*

Pode-se modificar a apresentação dos resultados de várias maneiras.

Pode-se alinhar o texto duma parte dos resultados seleccionada, à esquerda, à direita, ou centrar, utilizando o menu *Format*.

Pode-se juntar novos títulos, ou texto complementar aos resultados, utilizando o menu *Insert*.

20.4.5. *Modificar a apresentação das tabelas*

As tabelas contidas no Viewer podem ser transformadas de numerosas formas. Basta seleccioná-las (clicando duas vezes dentro do quadro) para obter o Editor de Quadros. Eis alguns exemplos:

Módulo 20: Mais sobre o SPSS 197

Esconder uma coluna ou uma linha. Fazer CRTL + ALT + clic na cabeça da coluna ou da linha que se quer esconder e clicar a opção *Hide* do menu *View*.

Fazer uma rotação da tabela. Clicar na opção *Transpose Rows and Columns* do menu *Pivot*.

Mudar a largura da coluna. Arrastar o bordo de direita dentro da cabeça da coluna.

Mudar a ordem das linhas ou das colunas. Clicar a cabeça de linha ou de coluna que se quer deslocar. Clicar e arrastar até à nova posição. Escolher a opção *Swap*.

Note-se que se pode importar para o Viewer ficheiros ou gráficos elaborados em outras aplicações, tal como se pode exportar as tabelas e os gráficos do Viewer para outras aplicações.

20.5. Exercício

Ficha 12: O menu de ajuda.

MÓDULO 21:
INTRODUÇÃO AOS MÉTODOS MULTIVARIADOS

As estatísticas uni- e bivariada revelam-se insuficientes para resolver muitos dos problemas encontrados na investigação contemporânea em psicologia. A diversidade de factores implicados na maioria das situações em estudo exige uma metodologia que permita estabelecer relações entre mais do que duas variáveis em simultâneo, possibilitando a comparação de vários grupos e/ou várias características.

A maior complexidade da investigação contemporânea reflecte-se na popularidade dos métodos multivariados. Esses métodos foram desenvolvidos com o intuito de analisar dados complexos, e proporcionam técnicas de análise adequadas quando existe um número elevado de variáveis independentes e/ou de variáveis dependentes, relacionadas entre si em graus diversos (Tabachnick & Fidell, 1996). A análise da variância com duas ou mais dimensões, a regressão múltipla, tal como as técnicas desenvolvidas pela análise dos dados são exemplos de técnicas multivariadas. Sendo uma extensão das técnicas uni- ou bivariada, elas não requerem um grau de conceptualização muito maior.

Diferentes métodos multivariados estão associados a diferentes tradições de investigação. Em investigações experimentais, trata-se de atribuir aleatoriamente um determinado número de sujeitos a diferentes condições constituídas por uma ou mais variáveis independentes. O objectivo é detectar a existência de variações na variável dependente que, para além das variações devidas ao acaso, são imputáveis às condições constituídas. Em investigações não-experimentais, os níveis das variáveis independentes não são manipulados pelo investigador. Podem ser consideradas categorias nas variáveis

Análise de Dados na Investigação em Psicologia

independentes, mas a atribuição dos sujeitos a estas categorias não é controlada pelo investigador. Um exemplo vulgar de investigação não-experimental é o inquérito. Tipicamente, muitas pessoas são interrogadas, e cada uma fornece uma resposta a muitas questões, produzindo um grande número de variáveis.

A nossa incursão no domínio da análise multivariada começa pela análise de variância, apresentando alguns dos seus modelos básicos. Este conjunto de técnicas tem um papel de maior importância na investigação psicológica (Edgington, em 1974, notava que, já na altura, mais do que 70% dos artigos publicados nos jornais da *American Psychological Association* recorriam à análise da variância). Uma vez que a análise da variância está estreitamente associada ao método experimental, e que diferentes planos experimentais são analisados por diferentes métodos de cálculo, temos de começar por evocar rapidamente alguns aspectos dos estudos experimentais.

21.1. Os estudos experimentais

1. Todas as experiências procuram descrever relações entre variáveis; o método experimental permite estudar relações que não podem ser observadas através do método correlacional.

2. No caso mais simples, tomamos apenas duas variáveis em consideração: uma variável independente – ou factor – (VI) e uma variável dependente (VD).

3. Uma variável independente é, geralmente, uma variável de tratamento, quer dizer uma variável manipulada, ou seja criada pelo investigador.

4. As categorias que constituem uma variável independente chamam-se níveis da variável: um factor pode apresentar, então, 2, 3 ou mais níveis.

5. Podemos planificar experiências bi-factoriais (com duas variáveis independentes ou duas dimensões), tri-factoriais (com três variáveis independentes ou três dimensões), etc.

6. No caso de planos com duas ou mais variáveis independentes, os efectivos das condições experimentais (ou seja, dos cruzamentos de cada nível duma VI com os níveis da(s) outra(s)) devem ser iguais (ou, pelo menos, proporcionais).

7. Em geral, não se escolhe mais do que 4 ou 5 níveis por factor e escolhemos entre 10 e 20 observações por condição experi-

Módulo 21: Introdução aos Métodos multivariados   201

mental. Com efeito, quando temos poucos dados, é difícil obter um efeito; quando temos muitos dados, diferenças pequenas tornam-se significativas.

8. Uma vantagem dos estudos experimentais com duas (ou mais) variáveis é permitir observar, além do efeito de cada variável, o efeito da(s) interacção(ões) entre variáveis; uma desvantagem é que um número demasiado elevado de variáveis independentes dificulta a interpretação dos resultados.

21.2. Modelos de planos experimentais

A escolha do método de análise depende do plano experimental considerado. No caso da análise da variância com duas dimensões, distinguimos três modelos de planos experimentais.

21.2.1. O modelo fixo

O modelo fixo é aquele em que as duas dimensões são fixas. Isto significa que os níveis das duas variáveis são constituídos dividindo um atributo ou um critério em categorias representando a população no seu conjunto. Por exemplo, queremos comparar a eficácia de quatro métodos de ensino, considerando ao mesmo tempo o efeito dum factor que pode interagir com os métodos sobre a performance dos alunos: o facto de se atribuir, ou de não se atribuir, trabalho de casa.

	Método 1	Método 2	Método 3	Método 4
Com trabalho				
Sem trabalho				

21.2.2. O modelo aleatório

O modelo aleatório é aquele em que as duas dimensões são aleatórias. Isto significa que os diferentes níveis de cada uma das duas variáveis são constituídos por indivíduos ou por grupos obtidos por amostragem e representativos duma população determinada. Este modelo é raro em psicologia. Por exemplo, examinamos as diferenças de apreciação entre C avaliadores que atribuem, cada um, n notas a L alunos. Se cada avaliador atribui uma única nota, encontramo-nos no caso duma análise da variância com uma observação por célula.

21.2.3. *O modelo misto*

O modelo misto é aquele em que uma das dimensões é aleatória e a outra é fixa. Há vários tipos de planos experimentais que correspondem a este modelo. O mais comum é o plano "tratamentos por sujeitos", em que vários tratamentos se aplicam sucessivamente a todos os sujeitos. Neste caso há também uma única observação por célula (análise da variância com medidas repetidas). Por exemplo, um investigador quer conhecer a opinião dos adolescentes acerca de várias actividades de tempo livre. Para tal pede a um grupo de jovens escolhidos ao acaso, para indicarem, numa escala de opinião, em que medida eles gostam (ou gostariam) de participar em cada uma das várias actividades descritas.

Estudos experimentais ou estudos correlacionais?

Em psicologia, muitos estudos não-experimentais são concebidos segundo um modelo experimental. As variáveis independentes não são variáveis de tratamento criadas pelo investigador, mas variáveis independentes naturais, designadas por variáveis de classificação (por exemplo, uma variável de classificação podia incluir nos seus níveis "normais", "psicóticos", "neuróticos", etc.).

Em tais investigações, identificadas como planos quase-experimentais, não se pode atribuir aleatoriamente os sujeitos às diferentes condições experimentais. Por isso, se nenhum procedimento for adoptado para tornar os grupos iguais em todos os aspectos além daquele que constitui o factor estudado, as conclusões que se podem retirar das análises efectuadas devem ser consideradas com cautela. Ferguson & Takane (1989) ilustram esta ideia, salientando que uma diferença de desempenho escolar entre estudantes masculinos e femininos pode não ser devida à diferença de sexo, mas a muitos outros factores, como a assiduidade às aulas, a intensidade do trabalho pessoal, etc.

Módulo 21: Introdução aos Métodos multivariados 203

Conservando esta observação em mente, começamos o estudo da análise de variância multivariada com o modelo misto, bastante simples. Para simplificar ainda, seguimos o modo de apresentação utilizado para a análise da variância com uma dimensão, à qual o leitor pode recorrer em caso de dúvida (ver Módulo 17).

MODULO 22:
ANÁLISE DA VARIÂNCIA COM MEDIDAS REPETIDAS

A análise da variância com medidas repetidas emprega-se quando se quer comparar as médias de várias características ou tratamentos, medidos num único grupo de sujeitos: por exemplo, uma fábrica de produtos de limpeza quer avaliar o impacto de três anúncios televisivos sobre a intenção de compra dos consumidores e, com este objectivo, pede a um grupo de sujeitos para apreciarem cada um dos três anúncios. Para verificar se as avaliações são significativamente diferentes, recorre-se aos procedimentos apropriados para o modelo misto: com efeito, numa tal situação, o número de sujeitos é aleatório, enquanto que o número de medidas é fixo.

22.1. Comparação de várias médias

22.1.1. *Princípio*

Consideramos que L indivíduos (por exemplo L consumidores potenciais) são observados relativamente a C características (por exemplo as suas opiniões relativamente a três anúncios). Quer-se testar a hipótese nula de que, na população, as apreciações relativas aos três anúncios não diferem, sendo a hipótese alternativa que pelo menos uma difere das outras.

Pode-se introduzir as observações nas diferentes células duma tabela em que as linhas correspondem aos sujeitos e as colunas às características ou tratamentos. Obtém-se o quadro de dados seguinte:

	1	2	3	...	C	$\overline{X}_l$
1	X_{11}	X_{12}	X_{13}	...	X_{1C}	$\overline{X}_{1.}$
2	X_{21}	X_{22}	X_{23}	...	X_{2C}	$\overline{X}_{2.}$
3	X_{31}	X_{32}	X_{33}	...	X_{3C}	$\overline{X}_{3.}$
	...	...	...	...	...	...
L	X_{L1}	X_{L2}	X_{L3}	...	X_{LC}	$\overline{X}_{L.}$
$\overline{X}_c$	$\overline{X}_{.1}$	$\overline{X}_{.2}$	$\overline{X}_{.3}$	...	$\overline{X}_{.C}$	$\overline{X}_{..}$

A variabilidade no grupo total é representada pela soma dos quadrados dos desvios de cada observação em relação à média geral (SQ_t). Na medida em que existe apenas uma observação por célula, esta soma pode ser decomposta numa soma de três termos que correspondem à soma dos quadrados dos desvios entre as linhas (SQ_l), à soma dos quadrados dos desvios entre as colunas (SQ_c) e à soma dos quadrados dos desvios que provém da interacção entre as linhas e as colunas (SQ_{lc}):

$$SQ_t = SQ_l + SQ_c + SQ_{lc}$$

A cada uma das somas, corresponde uma estimação da variância que se calcula dividindo a SQ pelo número de graus de liberdade que lhe corresponde. Obtém-se, assim, as estimações da variância que são utilizadas para testar a significância das diferenças entre as colunas.

22.1.2. Procedimento

22.1.2.1. *Somas dos quadrados dos desvios*

Pode-se demonstrar que a soma dos quadrados dos desvios no grupo total pode ser decomposta em três termos independentes:

Módulo 22: A Análise da Variância com Medidas repetidas   207

1. para cada observação:

$$\left(X_{lc} - \overline{X}..\right) = \left(\overline{X}_{l.} - \overline{X}..\right) + \left(\overline{X}_{.c} - \overline{X}..\right) + \left(X_{lc} - \overline{X}_{l.} - \overline{X}_{.c} + \overline{X}..\right)$$

2. elevando ao quadrado e somando as linhas e as colunas, obtém-se:

$$\sum_{l=1}^{L} \sum_{c=1}^{C} \left(X_{lc} - \overline{X}..\right)^2 = C \sum_{l=1}^{L} \left(\overline{X}_{l.} - \overline{X}..\right)^2 + L \sum_{c=1}^{C} \left(\overline{X}_{.c} - \overline{X}..\right)^2$$

$$+ \sum_{l=1}^{L} \sum_{c=1}^{C} \left(X_{lc} - \overline{X}_{l.} - \overline{X}_{.c} + \overline{X}..\right)^2$$

A expressão à esquerda corresponde à variabilidade total (SQ_t). Na expressão à direita, os três termos descrevem respectivamente:

1. a variação entre as médias das linhas (SQ_l)
2. a variação entre as médias das colunas (SQ_c)
3. a variação que se pode atribuir à interacção entre as linhas e as colunas (SQ_{lc}). Este termo, designado por termo de erro, é discutido mais adiante.

O cálculo das somas dos quadrados dos desvios pode ser simplificado pela utilização das fórmulas seguintes:

$$SQ_t = \Sigma\Sigma X_{lc}^2 - \frac{T^2}{N} \quad \text{ou} \quad \Sigma\Sigma X^2 - \frac{T^2}{N}$$

$$SQ_l = \frac{1}{C} \Sigma T_l^2 - \frac{T^2}{N}$$

$$SQ_c = \frac{1}{L} \Sigma T_c^2 - \frac{T^2}{N}$$

$$SQ_{lc} = \Sigma\Sigma X_{lc}^2 - \frac{1}{C} \Sigma T_l^2 + \frac{1}{L} \Sigma T_c^2 + \frac{T^2}{N}$$

22.1.2.2. *Número de graus de liberdade*

O número de graus de liberdade associado a cada soma dos quadrados dos desvios é calculado da maneira seguinte:

No grupo total : gl_t : $LC - 1$ ou $N - 1$

Entre as linhas : gl_l : $L - 1$

Entre as colunas : gl_c : $C - 1$

Interacção : gl_{lc} : $(L - 1)(C - 1)$

Os graus de liberdade são adicionáveis:

$$N - 1 = (L - 1) + (C - 1) + (L - 1)(C - 1)$$

22.1.2.3. *Estimações da variância*

As somas dos quadrados dos desvios são divididas pelos números respectivos de graus de liberdade, para determinar as estimações da variância ou quadrados médios. Obtemos assim:

$$QM_t = \frac{SQ_t}{gl_t} \qquad QM_l = \frac{SQ_l}{gl_l} \qquad QM_c = \frac{SQ_c}{gl_c} \qquad QM_{lc} = \frac{SQ_{lc}}{gl_{lc}}$$

22.1.2.4. *Razão F*

Tendo em conta que L é aleatório e C fixo, calcula-se a razão F colocando no numerador a estimação da variância entre as colunas e no denominador o termo de erro:

$$F_c = \frac{QM_c}{QM_{lc}}$$

Pode-se testar a significância do F comparando o valor obtido com os valores críticos indicados nas tabelas do F de Snedecor. Para encontrar estes valores, utiliza-se os números de graus de liberdade associados às variâncias comparadas: $gl = C - 1$ no numerador e $gl = (L - 1)(C - 1)$ no denominador.

22.1.3. *A natureza da interacção*

A decomposição da soma dos quadrados dos desvios dá, como termo de interacção:

$$\sum_{l=1}^{L}\sum_{c=1}^{C}\left(X_{lc} - \overline{X}_{l.} - \overline{X}_{.c} + \overline{X}..\right)^2$$

Esta expressão pode ser explicada pelo cálculo dos "valores teóricos" que reflecte a independência das duas variáveis[1]. Se a interacção é nula, as diferenças entre as células devem ser constantes.

Se X_{lc} é o valor da célula,
$\overline{X}_{l.}$ é a média da linha, e
$\overline{X}_{.c}$ é a média da coluna,

uma interacção nula implica que:

$$X_{lc} - \overline{X}_{l.} = \overline{X}_{.c} - \overline{X}..$$

Donde, o valor esperado de X_{lc}:

$$E\left(X_{lc}\right) = \overline{X}_{l.} + \overline{X}_{.c} - \overline{X}..$$

Se X_{lc} é um valor observado e $E(X_{lc})$ um valor esperado, o desvio entre o valor observado e o valor esperado é

$$X_{lc} - \overline{X}_{l.} - \overline{X}_{.c} + \overline{X}..$$

---

[1] Conforme a lógica seguida no teste do qui-quadrado para a determinação dos efectivos teóricos (ver Módulo 11).

22.2. Comparação das médias duas a duas

Se a razão F revela que existe uma diferença entre as médias comparadas, ela não indica donde provém esta diferença. Podemos testar a significância da diferença entre cada par de características ou tratamentos, utilizando, por exemplo, os procedimentos apresentados no Módulo 17: o teste t de Student e o teste de Scheffé.

22.2.1. O teste t de Student

Para comparar as médias das duas características ou dois tratamentos, utiliza-se a fórmula seguinte:

$$t = \frac{\left|\overline{X}_i - \overline{X}_j\right|}{\sqrt{2QM_{lc}/n}} \quad \text{com} \quad gl = (L-1)(C-1)$$

em que:

n = número de dados nas colunas, C sendo fixo.

22.2.2. O teste de Scheffé

Neste caso, emprega-se a fórmula seguinte:

$$F = \frac{\left(\overline{X}_i - \overline{X}_j\right)^2}{2QM_{lc}/n}$$

O valor de F' é dado por $(C - 1)F$, sendo o valor do F o valor crítico da estatística com $gl = C - 1$ no numerador e $gl = (L - 1)(C - 1)$ no denominador.

22.3. A análise da variância com medidas repetidas no SPSS

22.3.1. Para obter a razão F

Analyze
General Linear Model
Repeated-Measures

Nota: É necessário criar a variável de tratamento (o factor intra-sujeito), indicando o número de níveis do factor (ou número de tratamentos efectuados) e o nome das variáveis que representam os diferentes níveis deste factor.

22.3.2. Para comparar as médias duas a duas

Pode se comparar os pares de médias, juntando:

Options
  Compare main effects
    Confidence interval adjustment:
      LSD (none)

22.4. Exercício

Ficha 13: A análise de variância com medidas repetidas.

Agora que os procedimentos da análise da variância se tornaram mais familiares, podemos dar mais um passo e descrever, no módulo seguinte, a análise da variância com dois factores.

MÓDULO 23:
ANÁLISE DA VARIÂNCIA COM DUAS DIMENSÕES

Quando se quer analisar o efeito simultâneo de duas variáveis independentes, deve-se recorrer ao método de análise apropriado para um modelo fixo. Imaginemos que um investigador quer saber se os membros de duas formações políticas (o partido liberal e o partido conservador) diferem na sua opinião em relação à regionalização; quer também saber se os jovens e os adultos têm uma opinião diferente sobre a questão; por fim, o investigador pergunta-se em que medida a opinião dos indivíduos não seria influenciada pela interacção entre os dois factores.

As observações são introduzidas nas diferentes células duma tabela em que as linhas correspondem a uma variável e as colunas à outra. As diferenças entre as médias das linhas correspondem às diferenças atribuíveis a uma das variáveis e as diferenças entre as médias das colunas correspondem às diferenças atribuíveis à outra variável:

	Liberais	Conservadores
Jovens		
Adultos		

O efeito da interacção manifesta-se numa diferença que não pode ser atribuída às diferenças entre as colunas ou entre as linhas. Duma maneira geral, obtemos um efeito de interacção se as diferenças entre as colunas não são idênticas em todas a linhas, ou se as diferenças entre as linhas não são idênticas em todas as colunas:

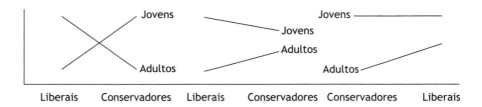

23.1. Comparação de várias médias

23.1.1. Princípio

Consideramos que nLC indivíduos são escolhidos aleatoriamente. Pode-se introduzir as observações no quadro de dados seguinte [1]:

	1	2	3	...	C	$\overline{X}_1$
1	X_{111} X_{112} X_{11i}	X_{121} X_{122} X_{12i}	X_{131} X_{132} X_{13i}	... ...	X_{1C1} X_{1C2} X_{1Ci}	$\overline{X}_{1..}$
2	X_{211} X_{212} X_{21i}	X_{221} X_{222} X_{22i}	X_{231} X_{232} X_{23i}	... ...	X_{2C1} X_{2C2} X_{2Ci}	$\overline{X}_{2..}$
...	...	...	...	...	...	...
L	X_{L11} X_{L12} X_{L1i}	X_{L21} X_{L22} X_{L2i}	X_{L31} X_{132} X_{L3i}	... ...	X_{LC1} X_{LC2} X_{LCi}	$\overline{X}_{1..}$
$\overline{X}_c$	$\overline{X}_{.1.}$	$\overline{X}_{.2.}$	$\overline{X}_{.3.}$	...	$\overline{X}_{.C.}$	$\overline{X}_{...}$

---

[1] Quando existem três índices, o primeiro refere-se à linha, o segundo à coluna e o terceiro ao número do dado na célula.

Módulo 23: A Análise da Variância com duas Dimensões 215

A variabilidade no grupo total é representada pela soma dos quadrados dos desvios de cada observação em relação à média geral (SQ_t). Tendo mais do que uma observação por célula, esta soma pode ser decomposta numa soma de quatro termos independentes que correspondem à soma dos quadrados dos desvios entre as linhas (SQ_l), à soma dos quadrados dos desvios entre as colunas (SQ_c), à soma dos quadrados dos desvios devida à interacção (SQ_{lc}) e à soma dos quadrados dos desvios nas células (dentro das células: SQ_{dc}), sendo este último termo o termo de erro:

$$SQ_t = SQ_l + SQ_c + SQ_{lc} + SQ_{dc}$$

A cada uma das somas, corresponde uma estimação da variância que se obtém dividindo a SQ pelo número de graus de liberdade que lhe corresponde. Obtém-se, assim, as estimações da variância que são utilizadas para efectuar três testes, destinados a testar respectivamente a significância das diferenças entre as linhas, entre as colunas, bem como a significância da interacção.

23.1.2. Procedimento

23.1.2.1. *Somas dos quadrados dos desvios*

Pode-se demonstrar que a soma dos quadrados dos desvios no grupo total pode ser decomposta em quatro termos independentes e adicionáveis:

1. O desvio de cada observação em relação a média geral é dado por:

$$(X_{lci} - \overline{X}_{...}) = (\overline{X}_{l..} - \overline{X}_{...}) + (\overline{X}_{.c.} - \overline{X}_{...})$$

$$+ (\overline{X}_{lc.} - \overline{X}_{l..} - \overline{X}_{.c.} + \overline{X}_{...}) + (X_{lci} - \overline{X}_{lc.})$$

2. Elevando ao quadrado e efectuando a soma das linhas, das colunas e das células, restam apenas quatro termos diferentes de zero, que podem escrever-se:

$$\sum_{l=1}^{L} \sum_{c=1}^{C} \sum_{i=1}^{n} \left(X_{lci} - \overline{X}...\right)^2 = nC \sum_{l=1}^{L} \left(\overline{X}_{l..} - \overline{X}...\right)^2 + nL \sum_{c=1}^{C} \left(\overline{X}_{.c.} - \overline{X}...\right)^2$$

$$+ n \sum_{l=1}^{L} \sum_{c=1}^{C} \left(\overline{X}_{lc.} - \overline{X}_{l..} - \overline{X}_{.c.} + \overline{X}...\right)^2 + \sum_{l=1}^{L} \sum_{c=1}^{C} \sum_{i=1}^{n} \left(X_{lci} - \overline{X}_{lc.}\right)^2$$

A expressão à esquerda corresponde à variabilidade total (SQ_t). Na expressão à direita, os quatro termos descrevem respectivamente:

1. a variação entre as médias das linhas
2. a variação entre as médias das colunas
3. a variação devida à interacção entre as duas variáveis
4. a variação entre os indivíduos no interior das células

O cálculo das somas dos quadrados dos desvios pode ser simplificado pela utilização das fórmulas seguintes[2]:

$$SQ_t = \sum\sum\sum X_{lci}^2 - \frac{T^2}{N} \qquad \text{ou } \sum\sum\sum X^2 - \frac{T^2}{N}$$

$$SQ_l = \frac{1}{nC} \sum T_l^2 - \frac{T^2}{N}$$

$$SQ_c = \frac{1}{nL} \sum T_c^2 - \frac{T^2}{N}$$

---

[2] O triplo sinal "somatório" significa que a soma se efectua em cada linha (primeiro sinal), que se adiciona o total de cada coluna (segundo sinal), bem como o total de cada célula (terceiro sinal).

Módulo 23: A Análise da Variância com duas Dimensões

$$SQ_{1c} = \frac{1}{n}\sum\sum T_{1c}^2 - \frac{1}{nC}\sum T_1^2 - \frac{1}{nL}\sum T_c^2 + \frac{T^2}{N}$$

$$SQ_{dc} = \sum\sum\sum X_{1ci}^2 - \frac{1}{n}\sum\sum T_{1c}^2 \quad \text{ou} \quad \sum\sum\sum X^2 - \frac{1}{n}\sum\sum T_{1c}^2$$

23.1.2.2. Número de graus de liberdade

O número de graus de liberdade associado a cada soma dos quadrados dos desvios é calculado da maneira seguinte:

1) No grupo total   : $gl_t = N - 1$
2) Entre as linhas   : $gl_1 = L - 1$
3) Entre as colunas : $gl_c = C - 1$
4) Interacção   : $gl_{1c} = (L - 1)(C - 1)$
5) Nas células   : $gl_{dc} = N - LC$ [3]

Os graus de liberdade são adicionáveis:

$$N - 1 = (L - 1) + (C - 1) + (L - 1)(C - 1) + (N - LC)$$

23.1.2.3. Estimações da variância

As somas dos quadrados dos desvios são divididas pelos números respectivos de graus de liberdade, para determinar as estimações da variância ou quadrados médios. Obtemos assim:

$$QM_t = \frac{SQ_t}{gl_t} \quad QM_1 = \frac{SQ_1}{gl_1} \quad QM_c = \frac{SQ_c}{gl_c} \quad QM_{1c} = \frac{SQ_{1c}}{gl_{1c}} \quad QM_{dc} = \frac{SQ_{dc}}{gl_{dc}}$$

---

[3] A cada uma das LC células corresponde uma média.

23.1.2.4. Razões F

Na análise da variância com duas dimensões é preciso fazer três testes do F:

1) F_l: para testar a significância das diferenças entre as linhas. Coloca-se no numerador a estimação da variância entre as linhas: QM_l.
2) F_c: para testar a significância das diferenças entre as colunas. Coloca-se no numerador a estimação da variância entre as colunas: QM_c.
3) F_{lc}: para testar a significância da interacção. Coloca-se no numerador a estimação da variância da interacção: QM_{lc}.

Colocando no denominador o termo de erro QM_{dc}, obtém-se as três razões F seguintes:

$$F_{lc} = \frac{QM_{lc}}{QM_{dc}} \qquad F_l = \frac{QM_l}{QM_{dc}} \qquad F_c = \frac{QM_c}{QM_{dc}}$$

23.2. Comparação das médias duas a duas

Se os valores das razões F indicarem diferenças significativas, podemos fazer várias comparações.

23.2.1. Diferenças entre as células

Podemos comparar duas células quaisquer por meio dum teste do t, utilizando como variância o valor do termo de erro:

$$t = \frac{\left| \overline{X}_i - \overline{X}_j \right|}{\sqrt{QM_{dc}/n_i + QM_{dc}/n_j}}$$

com $N - LC$ graus de liberdade

Módulo 23: A Análise da Variância com duas Dimensões

Podemos utilizar também o teste de Scheffé:

$$F = \frac{\left(\overline{X}_i - \overline{X}_j\right)^2}{QM_{dc}/n_i + QM_{dc}/n_j}$$

O valor de F' é dado por (LC - 1)F, sendo o valor do F o valor crítico da estatística com $gl = (LC - 1)$ no numerador e $gl = (N - LC)$ no denominador.

23.2.2. Diferenças entre as colunas

Podemos comparar as médias de duas colunas:

$$t = \frac{\left(\overline{X}_i - \overline{X}_j\right)}{\sqrt{QM_{dc}/N_i + QM_{dc}/N_j}} \qquad \text{com } gl = N - LC$$

Sendo N o número de dados nas colunas.

Podemos da mesma maneira utilizar o método de Scheffé. Valor de F': $(C - 1)F$, com $gl = (C - 1)$ no numerador e $gl = (N - LC)$ no denominador.

23.2.3. Diferenças entre as linhas

Podemos comparar as médias de duas linhas:

$$t = \frac{\left|\overline{X}_i - \overline{X}_j\right|}{\sqrt{QM_{dc}/N_i + QM_{dc}/N_j}} \qquad \text{com } gl = N - LC$$

Sendo N o número de dados nas linhas.

Podemos da mesma maneira utilizar o método de Scheffé. Valor de F': $(L - 1)F$, com $gl = (L - 1)$ no numerador e $gl = (N - LC)$ no denominador.

23.3. Condições de aplicação

Na análise de variância com várias dimensões:

- o número de dados nas diferentes células deve, em geral, ser igual;
- num plano fixo, é possível ter efectivos proporcionais às somas marginais: $(N_l N_c)/n_{lc} = m$, sendo m igual para todas as células;
- num plano fixo, as variâncias das células devem ser homogéneas (verificar com o teste de Levene); no entanto, mesmo se não for o caso, a análise da variância pode ser efectuada quando as diferenças não excedem a proporção de 1 para 4;
- quando há apenas uma observação por célula, como é muitas vezes o caso dos modelos mistos e aleatórios, a condição de homogeneidade não se pode verificar e é admitida *a priori*;
- nos planos mistos e aleatórios, a distribuição da variável dependente é, em geral, considerada como normal;
- num plano fixo, a distribuição da variável dependente deve ser normal em cada uma das colunas; contudo, desvios, mesmo importantes, da normalidade não têm muitas consequências.

23.4. A análise da variância com duas dimensões no SPSS

23.4.1. *Para obter a razão F*

Analyze
 General Linear Model
  Univariate [4]

---

[4] Note-se que o SPSS utiliza o termo de análise multivariada no senso estrito, ou seja, considera como multivariadas as análises com duas ou mais variáveis independentes e duas ou mais variáveis dependentes. No entanto, mais vulgarmente, o termo designa também as análises que integram quer mais do que uma variável independente, quer mais do que uma variável dependente (Vogt, 1999).

23.4.2. *Para comparar as médias duas a duas*

Pode-se comparar as médias das linhas e das colunas, juntando:

Post Hoc...
  Post Hoc Tests for:
    LSD ou Scheffé

23.5. Exercício

Ficha 14: A análise de variância com duas dimensões.

Existem outros modelos, mais sofisticados, da análise da variância. A obra de Winer (1971) constitui a apresentação mais completa deste conjunto de métodos.

MÓDULO 24:

MEDIDAS DE ASSOCIAÇÃO
ENTRE MAIS DO QUE DUAS VARIÁVEIS

A análise multivariada inclui também um grande leque de métodos correlacionais que contemplam mais do que duas variáveis.

24.1. A correlação parcial

Chama-se correlação parcial a relação linear entre duas variáveis quando se elimina, ou seja, se controla, o efeito duma terceira variável. Por exemplo, as notas obtidas pelos dançarinos na prova de tango podem ter correlação elevada com as notas obtidas na prova de valsa (ver Quadro 15.1) porque ambas estão correlacionadas com a capacidade para captar o ritmo musical. O cálculo da correlação parcial entre as duas provas permite avaliar a sua relação, mantendo constante a sensibilidade para o ritmo musical.

24.1.1. Princípio e cálculo

Suponha-se três variáveis, X_1, X_2, X_3, será que a correlação entre X_1 e X_2 é devida ao facto de ambas estarem correlacionadas com X_3?

Um resultado obtido em X_1 pode ser dividido em duas partes:

1) parte predictível a partir de X_3
2) resíduo ou erro de estimação de X_1 a partir de X_3

e estas duas partes são independentes, isto é, não correlacionadas.

Um resultado obtido em X_2 também pode ser dividido:

1) na parte predictível a partir de X_3
2) no resíduo ou erro de estimação de X_2 a partir de X_3

sendo as duas partes também independentes.

A correlação entre os dois resíduos é precisamente o coeficiente de correlação parcial. É a correlação entre X_1 e X_2 quando o efeito de X_3 é anulado (ou mantendo X_3 constante). Esta correlação é obtida pela fórmula:

$$r_{12.3} = \frac{r_{12} - r_{13}\, r_{23}}{\sqrt{\left(1 - r_{13}^2\right)\left(1 - r_{23}^2\right)}}$$

em que:

$r_{12.3} =$ correlação entre as variáveis X_1 e X_2, sendo retirado o efeito da variável X_3 de ambas as variáveis

$r_{12} =$ coeficiente de correlação entre X_1 e X_2

$r_{13} =$ coeficiente de correlação entre X_1 e X_3

$r_{23} =$ coeficiente de correlação entre X_2 e X_3

De forma semelhante, podemos calcular a correlação parcial entre X_1 e X_3 ou entre X_2 e X_3.

O cálculo da correlação parcial requer que as distribuições das variáveis sejam normais e as relações entre cada par de variáveis lineares.

24.1.2. *Interpretação*

Tal como r^2_{12} é a proporção da variância de X_1 que pode ser atribuída à variância de X_2, $r^2_{12.3}$ é a proporção da variância de X_1 que pode ser atribuída à variância de X_2 quando o efeito de X_3 é eliminado.

Pode também dizer-se que $r^2_{12} - r^2_{12.3}$ é a proporção da variância de X_1 que resulta da variância de X_3, ou seja, a proporção da correlação entre X_1 e X_2 devida ao efeito de X_3 é:

$$\frac{r_{12}^2 - r_{12.3}^2}{r_{12}^2}$$

Módulo 24: Medidas de Associação entre mais do que duas Variáveis 225

24.1.3. Significância da correlação parcial

Podemos testar se a correlação parcial é significativamente diferente de zero:

$$t = \frac{r_{12.3}}{\sqrt{\left(1 - r_{12.3}^2\right)/(N - 3)}}$$

com N-3 graus de liberdade

24.1.4. Correlação de segunda ordem ou de ordem n

O coeficiente $r_{12.3}$ é designado por correlação parcial de primeira ordem, uma vez que se anula a influência de uma variável sobre as outras duas. Pode-se anular o efeito de duas (ou mais) variáveis e fala-se então de coeficiente de correlação parcial de segunda ordem (ou de ordem n). Calcula-se geralmente a correlação parcial de ordem n quando uma variável é dependente e as outras são independentes, e que se mede a relação entre a variável dependente e uma variável independente, retirando os efeitos lineares das outras variáveis independentes de ambas as variáveis.

24.2. A correlação semi-parcial

A correlação semi-parcial emprega-se quando duas variáveis estão correlacionadas com uma terceira. O coeficiente mede a correlação entre X_1 e X_2 quando o efeito de X_3 é removido apenas duma variável, por exemplo de X_2. Calcula-se, por outras palavras, a correlação entre X_1 e o resíduo de X_2, ou a correlação entre X_1 e a parte de X_2 que não depende de X_3.

Esta correlação calcula-se da maneira seguinte:

$$r_{1(2.3)} = \frac{r_{12} - r_{13}\, r_{23}}{\sqrt{1 - r_{23}^2}}$$

em que:

$r_{1(2.3)}$ = correlação entre as variáveis X_1 e X_2, sendo retirado o efeito de X_3 de X_2 (mas não de X_1)

Recorre-se à correlação semi-parcial quando temos resultados obtidos antes e depois duma manipulação experimental envolvendo o mesmo grupo de sujeitos. Podemos estar interessados em conhecer a relação entre uma determinada variável e os resultados obtidos depois da manipulação, eliminando os efeitos dos valores iniciais por regressão linear.

Quando uma variável é dependente e as outras independentes, utiliza-se a correlação semi-parcial para medir a relação entre a variável dependente e uma variável independente, retirando da variável independente os efeitos lineares de todas as outras variáveis independentes.

24.3. A correlação múltipla

A correlação entre mais do que duas variáveis, sendo uma dependente e as outras independentes, é denominada correlação múltipla (simbolizada por R). O objectivo é o de medir a influência combinada de duas ou mais variáveis independentes sobre a variável dependente.

24.3.1. *Cálculo*

Quando se mede a relação entre uma variável dependente e duas variáveis independentes, o coeficiente de correlação múltipla é dado por:

$$R_{1.23} = \sqrt{\frac{r_{12}^2 + r_{13}^2 - 2r_{12}\,r_{13}\,r_{23}}{1 - r_{23}^2}}$$

em que:

$R_{1.23}$ = correlação múltipla entre a variável dependente X_1 e as duas variáveis independentes X_2 e X_3

24.3.2. Interpretação

Os princípios fundamentais implicados nos problemas da correlação múltipla são análogos aos da correlação simples:

- a menos que haja especificação contrária, quando houver referência à correlação múltipla trata-se de uma relação linear;
- um coeficiente de correlação múltipla, como $R_{1.23}$, é compreendido entre 0 e 1;
- quanto mais próxima de 1, tanto mais forte é a relação linear entre as variáveis. Quanto mais próxima de 0, tanto mais fraca ela é. Se o coeficiente de correlação múltipla for igual a 1, a correlação é denominada perfeita;
- embora um coeficiente de correlação nula indique que não há relação linear entre as variáveis, é possível que haja uma relação não-linear;
- o coeficiente de determinação múltipla R^2 é a proporção da variabilidade da variável dependente que pode ser explicada pela acção de todas as variáveis independentes tomadas em conjunto.

24.3.3. Significância

Conhece-se a fórmula do erro-padrão do coeficiente de correlação múltipla, que é a seguinte:

$$\sigma_{R1.23} = \frac{1 - R_{1.23}^2}{\sqrt{N - k - 1}}$$

em que:

N = o efectivo da amostra
k = o número de variáveis independentes (neste caso, 2)

Para testar a significância do coeficiente de correlação múltipla, utiliza-se uma fórmula do F:

$$F = \frac{R_{1.23}^2}{1 - R_{1.23}^2} \frac{N - k - 1}{k} \qquad \text{com (N-k-1, k) gl}$$

24.4. As medidas de correlação no SPSS

O SPSS permite obter os coeficientes de correlação parcial da forma seguinte:

Analyze
  Correlate
    Partial

Pode-se obter, em simultâneo, as correlações bivariadas, juntando:

Options
  Zero-order correlation

Na medida em que as correlações semi-parcial e múltipla (bem como a correlação parcial) são antes de tudo calculadas quando se aplica uma análise de regressão múltipla, é através deste procedimento, apresentado no módulo seguinte, que se obtém estas medidas.

24.5. Exercício

Ficha 16: A correlação parcial

MÓDULO 25:
INTRODUÇÃO À ANÁLISE DE REGRESSÃO MÚLTIPLA

Recorre-se à análise de regressão múltipla para avaliar a relação linear entre uma variável dependente métrica Y e um conjunto de variáveis independentes, métricas ou dicotómicas. É uma análise muito útil, sobretudo quando não se pode reduzir o problema em que estamos interessados a um desenho ortogonal (que se podia resolver com uma análise da variância).

A análise de regressão múltipla permite, por exemplo, descobrir o efeito relativo da ingestão de calorias (X_1) e da actividade física (X_2) no peso das pessoas (Y), ou saber em que medida o número de horas gastas a praticar a valsa, e o grau de cansaço atingido no momento da prova, não poderiam ser melhores *"preditores"* da nota na prova da valsa do que a nota na prova de tango.

Quando queremos responder a este tipo de questões, podemos fazer duas coisas:

1. construir uma matriz de correlações bivariadas, evidenciando a relação de cada variável com cada outra,
2. construir uma equação de regressão múltipla.

Estes dois procedimentos permitem, respectivamente:

1. determinar em que medida cada variável independente está associada à variável dependente, examinando os valores dos coeficientes de correlação entre a variável dependente e cada variável independente. Quanto maior for o valor absoluto da correlação, mais forte será associação linear;
2. determinar a importância relativa das diferentes variáveis independentes, quando elas se juntam para predizer a variável

25.1. A equação de regressão múltipla

dependente, comparando os valores dos coeficientes de regressão.

A regressão linear múltipla é uma extensão da regressão linear simples, ou bivariada (ver Módulo 16), em que várias variáveis (em vez de uma única) são combinadas para predizer o valor de uma variável dependente. O resultado da regressão é uma equação que representa a melhor predição da variável dependente a partir de todas as variáveis examinadas.

Tal como se podia escrever $Y' = B_0 + B_1X + \varepsilon$, pode-se escrever:

$$Y' = B_0 + B_1X_1 + B_2X_2 + ... + B_KX_K + \varepsilon$$

em que

Y' = o valor predito da variável dependente

B_0 = o valor do ponto de intercepção no eixo dos Y (isto é o valor de Y' quando todos os X = 0)

X_1, X_2, ..., X_K = as variáveis independentes (considerando que são examinadas k variáveis independentes)

B_1, B_2, ..., B_K = os coeficientes atribuídos a cada uma das variáveis independentes pela regressão (ou seja, os coeficientes de regressão)

ε = o erro que provém das variações individuais aleatórias

A equação de regressão múltipla permite, tal como a regressão simples, predizer o valor de Y' a partir dos valores das outras variáveis. No entanto, a regressão múltipla é sobretudo utilizada para encontrar a melhor equação de predição para um determinado fenómeno, ou seja, para construir um modelo da relação entre uma variável dependente (a *"variável critério"*) e um conjunto de variáveis independentes, explicativas do fenómeno (as *"variáveis preditoras"*).

Neste caso, os coeficientes de regressão não podem ser interpretados directamente como uma medida da importância da variável independente para explicar a variável dependente. Com efeito, as variáveis consideradas podem não ser medidas na mesma escala e os coeficientes serem influenciados pela escala utilizada (seria o caso, por exemplo, se se considerar o salário em euros e a antiguidade no serviço em anos para predizer a satisfação com o trabalho). Portanto, para comparar os coeficientes entre si, é necessário utilizar os coeficientes estandardizados (os coeficientes β). A fórmula reduzida da equação de regressão torna-se:

$$Z' = \beta_1 X_1 + \beta_2 X_2 + \ldots + \beta_K X_K + \varepsilon$$

em que:

Z' = a nota reduzida predita para a variável Y.

O ponto de intercepção β_0 é nulo.

Os coeficientes β estão ligados aos coeficientes B pela relação:

$$\beta_i = B_i \frac{s_i}{s}$$

em que:

s_i = o desvio-padrão da variável X_i
s = o desvio-padrão da variável Y

Pode, ainda, notar-se que mesmo os coeficientes reduzidos não reflectem rigorosamente a importância das variáveis independentes, visto que são influenciados pelas correlações entre variáveis.

25.2. Alguns aspectos importantes

25.2.1. *Importância das variáveis independentes*

Se as variáveis independentes não estão correlacionadas umas com as outras, a determinação da contribuição de cada uma na regressão múltipla é fácil de avaliar: as variáveis que têm maior correlação ou maior coeficiente estandardizado são mais importantes para a solução do que as outras.

É mais ambíguo avaliar a importância das variáveis independentes que estão correlacionadas entre si. Em todos os casos é necessário comparar:

a) a relação total entre a variável independente e a variável dependente

b) as relações entre todas as variáveis independentes

c) a relação única da variável independente com a variável dependente

Os dois primeiros tipos de relações encontram-se na matriz de correlações bivariadas. A terceira relação é determinada pelas correlações parcial e semi-parcial.

A correlação parcial (*partial correlation*) é a correlação entre a variável dependente e uma variável independente, quando os efeitos lineares (quer dizer, a contribuição) de todas as outras variáveis independentes no modelo são retirados da variável dependente e da variável independente (ver Módulo 24).

A correlação semi-parcial (*part correlation ou semipartial correlation*) é a correlação entre a variável dependente e uma variável independente, quando os efeitos lineares de todas as outras variáveis independentes no modelo são retirados da variável independente (ver Módulo 24). A correlação semi-parcial exprime assim a contribuição única da variável independente na variância total da variável dependente.

25.2.2. Medidas de correlação

25.2.2.1. R múltiplo

A correlação múltipla, simbolizada por R nos resultados da análise de regressão, mede a relação entre a variável dependente Y e o conjunto das variáveis explicativas introduzidas no modelo.

25.2.2.2. R^2 múltiplo

O coeficiente de determinação múltipla R^2 mede a proporção de variabilidade explicada pelo modelo da regressão. É a soma dos coeficientes de regressão estandardizados ponderados pela correlação entre a variável independente e a variável dependente:

$$\text{Se } Z_i' = \beta_1 X_1 + \beta_2 X_2 + \ldots + \beta_K X_K + \varepsilon,$$

$$R^2 = \beta_1 r_{i1} + \beta_2 r_{i2} + \ldots + \beta_k r_{iK}$$

R^2 varia entre 0 e 1: um valor pequeno indica que o modelo considerado não é adequado aos dados.

25.2.2.3. R^2 ajustado

Tal como o valor do r calculado numa amostra flutua em redor do valor da correlação na população, espera-se que o R múltiplo flutue em redor do valor populacional. Como o R nunca pode ter valores negativos, as possibilidades de flutuação são sempre positivas e aumentam a grandeza do R. A importância do enviesamento do R^2 diminui quando aumenta o efectivo da amostra e aumenta quando aumenta o número de preditores. Por isso, um ajustamento é efectuado em função da inflação prevista do R amostral, utilizando a fórmula:

$$R^2_{ajus} = R^2 - \frac{k\left(1 - R^2\right)}{N - k - 1}$$

em que:

N = efectivo da amostra
k = número de variáveis independentes
R^2 = o quadrado da correlação múltipla

Na regressão passo a passo (ver 25.5), utiliza-se para k o número de variáveis entradas na equação em vez do número total de variáveis independentes.

234 *Análise de Dados na Investigação em Psicologia*

25.3. Inferência estatística

Existem dois tipos de testes na análise de regressão múltipla:

a) para determinar se a correlação múltipla é significativamente diferente de zero,

b) para determinar se, individualmente, os coeficientes de regressão são diferentes de zero.

25.3.1. H_0: $R = 0$

O teste básico na regressão múltipla testa que a correlação entre a variável dependente e o conjunto das variáveis independentes é nula ($R = 0$).

Sabendo que, na regressão múltipla, o R^2 mede a proporção de variabilidade explicada pelo modelo:

1. divide-se a variabilidade total de Y em dois termos adicionáveis, a variabilidade atribuível à regressão, e a variabilidade residual:

$Y_i - \overline{Y} = (Y_i - Y_i') + (Y_i' - \overline{Y})$

$Y_i - Y_i' = $ o resíduo ($= 0$ se a recta passa pelo ponto)

$Y_i' - \overline{Y} = $ a distância da recta até a média dos Y

2. elevando ao quadrado e somando, obtém-se:

$\Sigma(Y_i - \overline{Y})^2 = \Sigma(Y_i - Y_i')^2 + \Sigma(Y_i' - \overline{Y})^2$

ou seja:

$SQ_{tot} = SQ_{res} + SQ_{reg}$

SQ_{tot} : soma dos quadrados total (variabilidade total)

SQ_{res} : soma dos quadrados dos erros (variabilidade residual)

SQ_{reg} : soma dos quadrados devidos à regressão (variabilidade explicada pelo modelo da regressão)

3. a cada termo está associado um número de graus de liberdade:

$gl_{tot} = N\text{-}1$

$gl_{res} = N\text{-}k\text{-}1$

$gl_{reg} = k$

Módulo 25: Introdução à Análise de Regressão múltipla 235

em que

N = efectivo da amostra

k = o número de variáveis independentes na equação.

4. calcula-se os quadrados médios, dividindo cada soma pelos graus de liberdade adequados:

$$QM_{res} = \frac{SQ_{res}}{N - k - 1}$$

$$QM_{reg} = \frac{SQ_{reg}}{k}$$

5. o F da análise da variância é a razão entre as duas estimações da variância:

$$F = \frac{QM_{reg}}{QM_{res}}$$

com $(k, N - k - 1)$ gl.

6. compara-se o valor do F observado com o valor do F crítico com (k, N-k-1) gl. Rejeita-se a H_0: R = 0 quando $F \geq F_c$.

O teste está resumido na tabela da análise da variância (Quadro 25.1).

Quadro 25.1: *Quadro da análise da variância*

Fonte	gl	SQ	QM	F	p
Regressão	k	SQ_{reg}	QM_{reg}		
Resíduos	N-k-1	SQ_{res}	QM_{res}		
Total	N-1	SQ_t			

Note-se que:

O coeficiente de determinação pode ser avaliado com a fórmula:

$$R^2 = \frac{SQ_{reg}}{SQ_{tot}} = 1 - \frac{SQ_{res}}{SQ_{tot}}$$

O erro-padrão da estimativa é dado por:

$$\sqrt{QM_{res}}$$

Ele devia ser menor que o desvio-padrão da variável dependente.

25.3.2. H_0: $B_i = 0$

A contribuição única de cada variável independente é determinada pelo teste t de Student, sendo cada coeficiente dividido pelo seu erro-padrão.

25.4. Condições de aplicação

25.4.1. *Proporção casos / variáveis independentes*

Segundo Tabachnick & Fidell (1996), precisa-se de, pelo menos, um número de casos 20 vezes superior ao número de variáveis independentes (ou mesmo 40 vezes superior no caso de uma regressão passo a passo). De qualquer forma, as autoras aconselham a não efectuar uma regressão múltipla com menos de 100 casos. Um critério mínimo é de 5 vezes tantos casos quantas variáveis independentes.

25.4.2. *Casos extremos (outliers)*

Os casos extremos têm que ser apagados ou reavaliados visto que têm uma influência demasiado grande na solução de regressão.

Módulo 25: Introdução à Análise de Regressão múltipla 237

25.4.3. *Singularidade e multicolinearidade*

Não pode haver singularidade (correlação perfeita) ou multico-linearidade (correlação muito elevada, ou seja, $r \geq .90$) entre as variáveis independentes. Quando for o caso, é necessário suprimir certas variáveis.

25.4.4. *Assunções*

A regressão múltipla baseia-se em várias assunções. A análise pressupõe que os resíduos (isto é, as diferenças entre os valores da variável dependente obtidos e preditos):

a) são distribuídos normalmente, com média de 0,
b) têm uma relação linear com os resultados preditos,
c) têm uma variância constante em todos os resultados preditos,
d) são independentes uns dos outros.

Geralmente verifica-se se as assunções são respeitadas através de diversos gráficos.

25.5. Métodos de regressão

Existem vários métodos de regressão múltipla. Por defeito, o SPSS inclui todas as variáveis escolhidas. É o método de regressão múltipla clássico (*standard*) que permite avaliar a relação global entre todas as variáveis consideradas (calculando o R^2), tal como a contribuição única de cada variável independente nesta relação. Para determinar, mais precisamente, que combinação linear de variáveis independentes constitui o melhor modelo para predizer a variável dependente, pode-se gerar todas as regressões possíveis e compará-las a partir do R^2 ajustado.

No entanto, pode-se também controlar a entrada das variáveis para determinar, por meio dum critério estatístico, o conjunto de variáveis a incluir no modelo. Pode-se escolher entre:

a) aumentar o número de variáveis para melhorar a qualidade do ajustamento (R^2 cresce quando k aumenta),
b) diminuir o número de variáveis para simplificar o modelo.

238   *Análise de Dados na Investigação em Psicologia*

Para isso, pode-se utilizar um dos três métodos iterativos à disposição:

a) a eliminação "para trás" (*backward*): começa-se por incluir todas as variáveis independentes e retira-se, iterativamente, aquela cuja contribuição é menor, enquanto a combinação de variáveis permita uma explicação significativa;

b) a selecção "para frente" (*forward*): introduz-se no modelo, iterativamente, as variáveis independentes cuja contribuição para o modelo é maior, até que o modelo não melhore de forma significativa;

c) a selecção "passo a passo" (*stepwise*): introduz-se as variáveis, uma de cada vez, como na selecção "para frente", mas o modelo é avaliado a cada passo, para decidir se deve ou não retirar-se uma variável já incluída. É o método mais vulgarmente utilizado, sobretudo quando existem correlações entre as variáveis independentes.

Os métodos iterativos apresentam diferentes estatísticas que permitem detectar as correlações elevadas:

a) a tolerância da variável independente, avaliada por 1 menos o quadrado da correlação múltipla entre a variável e as outras variáveis independentes,

b) o coeficiente VIF (*variance inflation factor*), que corresponde ao inverso da tolerância.

Quando há tolerância fraca (e VIF elevada), é necessário suprimir certas variáveis.

Regressão múltipla e análise da variância

A utilização da regressão múltipla em vez da análise da variância é objecto de algum interesse por parte dos investigadores. Já referimos (Módulo 2) que nem sempre é clara a distinção entre "estudar diferenças" e "estudar relações". Para além disso, a apresentação da razão de correlação (Módulo 18), ilustrou também que tanto se pode correlacionar duas variáveis dependentes, como uma variável dependente e uma variável independente.

> Neste caso, uma associação significativa entre as variáveis corresponde a uma diferença significativa entre os grupos que constituem as categorias da variável nominal (independente). O valor de eta^2 indica a proporção da variação da variável dependente que se pode atribuir à variável independente. Basicamente, um problema de diferença de médias pode ser convertido num problema de correlação e, segundo alguns autores, os métodos correlacionais constituiriam mesmo um sistema de análise mais completo do que a análise da variância[1] (Ferguson & Takane, 1989).

25.6. A regressão múltipla no SPSS

Para obter as medidas de correlação, os valores dos coeficientes de regressão estandardizados e os dois testes de inferência ($R = 0$ e $B_i = 0$):

Analyze
   Regression
      Linear
         Statistics:
            Estimates
            Model fit

Para obter a descrição das variáveis e a matriz das correlações bivaridas, juntar:

Statistics:
   Descriptives

Para obter as correlações parciais e semi-parciais, juntar:

Statistics
   Part and partial correlations

---

[1] Quando a variável independente tem apenas duas categorias, pode-se recorrer a ambos os procedimentos. Quando a variável independente tem mais do que duas categorias, por exemplo K, é necessário transformá-la em K-1 variáveis, correspondendo, cada uma delas, a apenas um dos níveis da variável independente (dummy coding).

240   *Análise de Dados na Investigação em Psicologia*

Para verificar que os resíduos são distribuídos normalmente, pedir:

Plot:
    Standardized Residual Plots
      Histogram
      Normal probability plot

Para verificar a relação entre a variável dependente e cada uma das variáveis independentes eliminando o efeito das outras variáveis:

Plot:
    Produce all partial plots

25.7. Exercício

Ficha 17: A regressão múltipla.

Resolver o problema da Ficha 14 utilizando a análise de regressão múltipla. Comparar os resultados com os dois procedimentos.

MÓDULO 26:
REFLEXÕES CONCLUSIVAS

A nossa introdução aos métodos multivariados referia que diferentes tradições de investigação estão associadas a diferentes técnicas de análise de dados (Módulo 21). Apresentámos, de seguida, diferentes modelos de análise da variância, que permitem verificar as hipóteses colocadas no início duma investigação, e diferentes métodos correlacionais, relacionados com o problema da predição, concluindo sobre a relação que se pode estabelecer entre, por um lado, a análise da variância e, por outro, a regressão múltipla. Gostávamos, nestas reflexões conclusivas, de chamar a atenção para uma outra problemática, que opõe e, em simultâneo relaciona, o método experimental e o método correlacional.

Apesar (ou por causa) da sua importância, a utilização extensiva do modelo experimental de Fisher trouxe algumas consequências negativas para a investigação em psicologia. Com efeito, segundo Bakan (1966, in Lieberman 1971), vários problemas teriam como origem as conclusões – muitas vezes incorrectas – retiradas dos níveis de significância obtidos com a análise da variância. Para além disso, este procedimento é baseado na hipótese de normalidade que nem sempre é verificada.

Por outro lado, a análise de variância tem algumas limitações. Segundo Benzécri (1982), o plano experimental considera um número limitado de níveis para as variáveis observadas e a experimentação só tem interesse se as variáveis forem bem escolhidas e as suas relações suficientemente fortes. E, mais importante, o plano experimental não permite descobrir uma lei, mas pode apenas precisar e confirmar uma relação que já tinha sido sugerida pela observação.

242 *Análise de Dados na Investigação em Psicologia*

É para ultrapassar estas limitações que foram desenvolvidas as técnicas de "análise dos dados", que se referiam, originalmente, ao conjunto de métodos indutivos que procuram gerar, em vez de testar, hipóteses.

26.1. Os métodos indutivos

As investigações que se apoiam nos métodos indutivos partem do pressuposto que, se se pretender descobrir uma lei, suscitar questões novas, é mais útil analisar observações recolhidas numa base natural, do que conduzir uma experimentação a partir de um plano pré-concebido. Após a recolha dos dados utilizam-se técnicas puramente descritivas para organizar e sintetizar os dados. Os resultados, muitas vezes representados em gráficos sugestivos, poderão sugerir raciocínios probabilistas, mas nunca permitir uma análise em termos de teste de hipóteses.

Os métodos desenvolvidos pela corrente da análise de dados permitem estudar as semelhanças ou as diferenças entre indivíduos, ou as relações entre características. Distinguem-se duas grandes famílias de técnicas de análise: as análises de tipo factorial e as classificações automáticas[1].

26.1.1. *As análises de tipo factorial*

26.1.1.1. *A análise factorial em componentes principais*

A análise factorial em componentes principais é um método para analisar matrizes de coeficientes de correlação (em princípio r de Pearson). Tem como objectivo descrever e interpretar a maneira como várias variáveis se relacionam ou, por outras palavras, descobrir e descrever uma estrutura num conjunto de relações. Na prática, a análise reduz o número inicial de variáveis a um número menor de variáveis ortogonais, chamadas componentes (ou factores), sobre as quais cada sujeito apresenta um score.

---

[1] Para quem tem uma boa base em estatística, existem várias obras que apresentam de forma muito acessível os métodos indutivos. Aconselhamos em particular a obra de Tabachnick e Fidell (1996).

Habitualmente, a análise realça um determinado número de factores comuns (isto é, comuns a mais do que uma variável) e indica a saturação (ou seja, a correlação) de cada variável com cada um dos factores comuns. Ela calcula a comunalidade de cada variável com os factores comuns, que pode ser interpretada como a proporção da variância da variável que pode ser atribuída aos factores extraídos (sendo a proporção não explicada a "unicidade").

Geometricamente, a factorização da matriz de correlações consiste em colocar eixos factoriais na nuvem de pontos formada pelo sistema de coordenadas no espaço multidimensional. As projecções dos pontos nos eixos factoriais são as saturações. Habitualmente os eixos factoriais são ortogonais, isto é formam um ângulo recto.

Existem várias soluções possíveis. Por isso, é costume proceder em dois tempos. Primeiro, escolhemos um método baseado num determinado critério estatístico (por exemplo o método das componentes principais). Habitualmente, a "solução directa" assim fornecida não é interpretada, mas permite determinar o número de factores que vão ser conservados na análise. Em seguida, aplicamos uma rotação aos eixos, e é esta "solução derivada" que vai permitir a interpretação dos factores.

A solução directa obtida com o método das componentes principais contém tantos factores quantas variáveis na análise. Eles são extraídos segundo a sua ordem de contribuição para explicação da variância total (igual ao número de variáveis, já que cada variável tem uma variância total de 1). A contribuição de cada factor para a variância total é a soma dos quadrados das saturações das variáveis (chamada o valor próprio do factor). A percentagem de variância explicada é definida dividindo o valor próprio pela variância total (o número de variáveis na solução). A contribuição dos factores para a variância total é utilizada como critério para decidir o número de factores a conservar na análise. Por defeito, esta é fixada arbitrariamente a 1.

Existem também vários métodos para obter a "solução derivada", de entre os quais o mais utilizado é um método de rotação ortogonal, o método "varimax" (variância máxima). Geometricamente, a rotação coloca os eixos factoriais no centro dos grupos de variáveis, o que tem como efeito a maximização das correlações elevadas e a minimização das correlações fracas. Existem também métodos de rotação oblíqua.

244   *Análise de Dados na Investigação em Psicologia*

Quando a matriz de saturações é obtida, pode-se calcular a posição de cada sujeito sobre cada factor extraído. Para avaliar os scores factoriais dum sujeito, os scores de todos os sujeitos sobre todas as variáveis são estandardizados e ponderados. A soma dos scores factoriais para o conjunto dos sujeitos sobre um factor é igual a zero. Os scores factoriais podem ser utilizados ulteriormente em todos os tratamentos estatísticos.

26.1.1.2. *A análise factorial das correspondências*

A análise factorial das correspondências é um método para analisar tabelas de correspondência, isto é qualquer tabela (geralmente de frequências) cujas células contêm uma medida de correspondência entre as linhas e as colunas. A análise permite descrever graficamente a relação entre as duas variáveis nominais que constituem a tabela de correspondência, e, em simultâneo, descrever as relações entre as categorias (ou modalidades) de cada variável.

As modalidades das linhas (e das colunas) podem ser representadas numa nuvem de pontos. Para determinar as distâncias entre as modalidades, calcula-se os perfis das linhas (e das colunas), ou seja as proporções de cada célula baseadas nos totais marginais das linhas (ou das colunas). Estas distâncias ponderadas são baseadas no conceito de "massa", uma medida que indica a influência duma modalidade na base da sua frequência marginal. A massa determina o centro de gravidade da nuvem, que é o perfil médio da linha (ou da coluna), já que os pontos com uma grande massa atraem o centro de gravidade para perto da sua própria posição.

Se as observações são frequências, a soma ponderada de todas as distâncias ao quadrado entre os perfis das linhas e o centro de gravidade das linhas é aproximadamente o qui-quadrado. A inércia total é definida como a soma de todas as distâncias ao centro de gravidade dividida pela soma de todas as células na tabela de correspondência. A inércia total exprime o desvio em relação à independência da tabela.

Procura-se a solução que representa a relação entre as linhas e as colunas no menor número de dimensões (ou factores) possível. A análise determina, iterativamente, as dimensões que mostram a maior quantidade de inércia. O número máximo de dimensões é igual ao número de linhas menos 1, ou de colunas menos 1, considerando o valor menor. O número de dimensões a conservar é determinado na base da contribuição das dimensões para a inércia total. Para cada dimensão, a raiz quadrada da inércia é o valor próprio. Os valores próprios (singular values) podem ser interpretados como a correlação entre as linhas e as colunas (r de Pearson).

Analisa-se os scores das linhas e das colunas que são as coordenadas dos pontos nas dimensões, as contribuições absolutas que indicam a contribuição de cada ponto (das linhas e das colunas) para a inércia dos factores, e as contribuições relativas que indicam a contribuição de cada dimensão para a inércia dos pontos.

O método de normalização escolhido determina a distribuição da inércia. Pode-se maximizar as diferenças entre os pontos das linhas, das colunas ou distribuir simetricamente a inércia nas linhas e nas colunas.

A relação entre as linhas e as colunas pode ser examinada graficamente num espaço multidimensional. Para cada variável, as relações entre as modalidades reflectem-se nas distâncias entre os pontos do gráfico, já que modalidades semelhantes aparecem perto umas das outras. A relação entre as variáveis é descrita pela posição dos pontos nos eixos factoriais.

26.1.2. As análises de classificação automática

26.1.2.1. A classificação hierárquica

A análise de classificação hierárquica, ou análise de clusters, designa um conjunto de procedimentos estatísticos que podem ser utilizados para classificar objectos tendo por base a sua semelhança. Por outras palavras a análise de clusters procura organizar um conjunto de objectos, para os quais são conhecidas várias características, em grupos relativamente homogéneos.

As técnicas hierárquicas partem dos N grupos de apenas um objecto, que vão sucessivamente ser agrupados até formar um único grupo que vai conter a totalidade dos N objectos. Existem vários critérios para agrupar os indivíduos ou casos: é preciso determinar uma medida de semelhança entre cada par de objectos, tal como um método de agregação dos objectos (ou seja um algoritmo de classificação).

246   *Análise de Dados na Investigação em Psicologia*

Os índices de semelhança mais utilizados são os coeficientes de correlação entre objectos, a distância euclidiana entre os objectos (calculada somando as diferenças entre os valores dos objectos através de todas as características) ou o quadrado da distância euclidiana.

Os métodos de agregação dos casos diferem no modo como estimam as distâncias entre os grupos já formados e os outros grupos ou casos a agrupar. Diferentes definições destas distâncias resultam em diferentes soluções finais. Os métodos de agregação mais utilizados são:

1. O método do vizinho mais próximo "single linkage", que define como distância entre dois grupos a semelhança máxima entre quaisquer dois elementos pertencentes a estes grupos.
2. O método do vizinho mais afastado "complete linkage", que define, ao contrário, como distância entre dois grupos a distância entre os seus elementos mais afastados.
3. O método de "Ward", que calcula, para cada grupo, as médias de todos os elementos e procura maximizar a homogeneidade dos grupos: um agrupamento é efectuado se o aumento da variância que ele provoca dentro do grupo é menor do que aquele que seria provocado por qualquer outro agrupamento.

Resta decidir quantos "clusters" ou agrupamentos se deve conservar para definir grupos homogéneos. A apresentação gráfica dos resultados, em geral sob a forma de dendograma, mostra todas as fases do processo de agrupamento mas não fornece nenhum critério para determinar onde cortar o dendograma de maneira a obter o número de grupos óptimo.

26.1.2.2. *O escalonamento multidimensional*

Multidimensional scaling (MDS) é um procedimento para analisar tabelas de distâncias, isto é tabelas constituídas por dados que indicam o grau de dissemelhança (ou de semelhança) entre pares de objectos. O procedimento estuda as relações entre os objectos através das suas distâncias médias, tratando as distâncias psicológicas como distâncias físicas, e procurando encontrar uma estrutura na tabela de distâncias.

Os objectos são representados por pontos distribuídos numa espécie de mapa num espaço multidimensional. A colocação dos pontos é feita de maneira a que as distâncias médias entre os pares de pontos reflictam o melhor possível as dissemelhanças entre os objectos. Apesar de utilizar os mesmos índices de (dis)semelhança que as classificações automáticas, o *multidimensional scaling* faz aparecer uma organização dos dados mais complexa, com uma estrutura central e dimensões de desigual importância que, muitas vezes, podem ser interpretadas.

MDS é um nome genérico que engloba vários tipos de análise. A análise clássica refere-se ao tratamento de uma única matriz de dissemelhança. Neste caso o único modelo que pode ser utilizado é o modelo euclidiano e em geral duas dimensões são adequadas.

São fornecidas três medidas de adequação do modelo aos dados: o s-stress e o stress representam a proporção de erro nos dados transformados, isto é, nas distâncias entre os pontos do gráfico originado pela análise; considera-se que devem ser inferiores a .10 para que a solução seja válida. O RSQ (r^2), pode ser interpretado como a proporção de variância dos dados transformados que pode ser atribuída à variância das distâncias originais.

A matriz dos dados transformados é também fornecida, tal como um diagrama de dispersão, que representa a relação entre as distâncias originais e os dados transformados.

26.2. Estatística e análise de dados

Teria sido conveniente apresentar algumas das técnicas desenvolvidas pela análise dos dados, e ter atribuído menos importância aos conceitos e procedimentos estatísticos mais básicos? Vamos tentar explicar porque achamos que não.

1. Se as técnicas indutivas, que requerem a realização de cálculos complexos e morosos, podem, hoje em dia, ser aplicadas facilmente com um programa de computador, a sua interpretação continua a tornar necessário o conhecimento dos seus fundamentos matemáticos. Uma boa compreensão das noções fundamentais da estatística contribui para impedir que o investigador utilize de forma mecânica programas estatísticos com

que trabalha e que não escreveu. Como se sabe, qualquer conjunto de dados pode ser analisado através de qualquer técnica, relevante ou absurda... o programa fornece sempre resultados.

2. Os métodos indutivos foram concebidos para gerar hipóteses científicas que, como recordámos no Módulo 9, evocando a confusão entre significância estatística e significância científica, não podem ser sugeridas pelos métodos dedutivos. No entanto, se os métodos indutivos permitem analisar uma grande quantidade de dados de maneira puramente descritiva, eles nunca poderão ser utilizados para testar a significância das hipóteses geradas. Sendo assim, os métodos indutivos deviam apenas ser utilizados numa primeira fase de investigação, que devia ser seguida por outras fases em que o recurso aos métodos dedutivos mais clássicos permite testar as hipóteses sugeridas.

3. As técnicas indutivas são também passíveis de crítica. Ombredane (1966), por exemplo, duvida do seu valor heurístico, e afirma que a hipótese criadora não pode ser substituída por uma qualquer técnica, e que será encontrado nos dados apenas aquilo que o investigador neles introduziu. Tabachnick e Fidell (1996) assinalam o facto de alguns investigadores considerarem a análise de dados como um expediente ao qual se recorre na tentativa de "salvar" uma investigação mal concebida: quando nenhum procedimento da estatística dedutiva pode ser aplicado, pode-se pelo menos representar os dados! Assim, estas técnicas estão associadas, na mente de muitos autores, à investigação descuidada. O poder de criar uma aparência de ordem a partir do caos real contribui para a reputação algo manchada destes métodos enquanto instrumentos científicos. Este último ponto reforça a ideia acima mencionada, de que os métodos indutivos *podem* ser utilizados numa primeira fase de investigação, mas que, se sugerirem algumas hipóteses interessantes, estas *devem* sempre ser verificadas mediante os procedimentos que têm sido apresentado aqui.

26.3. A estatística em psicologia

A relação entre a estatística e a psicologia é complexa. Utilizada, num primeiro tempo, pelos psicólogos para darem um fundamento científico à sua disciplina, a estatística beneficiou, num segundo tempo, da criatividade dos psicólogos, estimulada pelas dificuldades próprias ao seu campo de investigação.

Apesar disso (ou talvez por isso), a estatística e a psicologia sempre entraram em conflito, sendo a causa possível que a psicologia, como qualquer área de investigação, "tem as suas próprias particularidades estatísticas e que as asserções gerais têm sempre que ser adaptadas às situações práticas existentes" (Anderson, 1961/1971, p. 29).

Foram evocados ao longo do nosso texto alguns dos muitos pontos de desentendimento entre autores. Apesar disso, quando se fala de estatística aplicada à psicologia, procura-se muitas vezes dissimular as incertezas, complexidades e confusões que caracterizam a estatística, com a provável boa intenção de evitar uma maior rejeição desta mal-amada disciplina. Como deve ser agora evidente, somos da opinião de que mais vale evidenciar do que esconder estas dificuldades.

A investigação em psicologia poucas vezes produz dados precisos que se podem analisar de maneira rigorosa e consensual. Na nossa disciplina, a estatística não consegue pôr ordem – e às vezes cria desordem – nas nossas numerosas tentativas para conhecer o ser humano (Lieberman, 1971). Mas, se a dúvida é construtiva e o conflito cognitivo fonte de progresso, talvez seja bom que assim seja.

26.4. Exercício

Teste de Revisão II (fim do Módulo 27).

MÓDULO 27:

FICHAS DE EXERCÍCIO

Ficha 1: Constituição dum ficheiro de dados

Uma nutricionista pretendeu determinar se o número de quilos perdidos pelos seus clientes aumentava com o passar das semanas durante as quais eles seguiam a sua nova dieta. Para tal, escolheu 10 clientes ao acaso e registou os dados que lhes diziam respeito. Eis as observações:

Cliente	Sexo	Estado de saúde	Semanas de dieta	Quilos perdidos
1.	masculino	bom	11	10
2.	masculino	médio	5	6
3.	feminino	médio	8	7
4.	masculino	*	5	7
5.	masculino	bom	8	7
6.	feminino	bom	9	10
7.	feminino	bom	9	8
8.	feminino	bom	12	14
9.	feminino	fraco	11	9
10.	masculino	médio	11	13

* À espera do relatório médico

a) Constituir a folha de codificação
b) Introduzir os dados no SPSS para Windows, conforme a codificação efectuada
c) Definir as variáveis
d) Conservar os dados num ficheiro *"dieta.sav"*, a arquivar na sua disquete
e) Encerrar a sessão conforme o procedimento descrito.

Ficha 2: Análise descritiva univariada: as variáveis nominais

De um baralho de cartas, extrai-se 14 vezes uma carta e obtêm-se os seguintes resultados:

a) Constituir a folha de codificação
b) Introduzir os dados no SPSS para Windows, conforme a codificação efectuada
c) Definir as variáveis
d) Conservar os dados num ficheiro "*carta.sav*", a arquivar na sua disquete
e) Apresentar a distribuição dos naipes
f) Calcular a moda
g) Representar graficamente a distribuição
h) Arquivar o ficheiro de resultados e o gráfico
i) Encerrar a sessão conforme o procedimento descrito.

Ficha 3: Análise descritiva univariada: as variáveis ordinais

Num inquérito sobre as tendências políticas, perguntou-se a 18 pessoas a questão seguinte:

Avalie a evolução da sua situação económica durante os últimos quatro anos:

        pior ☐
        igual ☐
        melhor ☐

Módulo 27: Fichas de Exercício 253

Foram obtidas as respostas seguintes:

Melhor Melhor Igual Melhor Pior Igual Igual Igual Pior
Pior Igual Melhor Melhor Pior Igual Igual Melhor Igual

a) Constituir a folha de codificação
b) Introduzir os dados no SPSS para Windows, conforme a codificação efectuada
c) Definir as variáveis
d) Conservar os dados num ficheiro *"siteco.sav"*, a arquivar na
   sua disquete
e) Efectuar todos os tratamentos apropriados, criando um ficheiro de comandos
f) Representar graficamente a distribuição, mediante um polígono de frequências
g) Arquivar os ficheiros de comandos, de resultados assim
   como o gráfico
h) Encerrar a sessão conforme o procedimento descrito.

Ficha 4: Análise descritiva univariada: as variáveis métricas

Os resultados seguintes foram obtidos num teste de rapidez de
escrita:

29 43 17 9 14 25 26 19 22 33 15 24

a) Constituir a folha de codificação
b) Utilizando o comando DESCRIPTIVES, efectuar todos os
   tratamentos apropriados
c) Comentar os resultados fornecidos pelo programa
d) Calcular os resultados reduzidos

254   *Análise de Dados na Investigação em Psicologia*

e) Utilizando o comando CASE SUMMARIES, apresentar os resultados reduzidos ao lado do número dos sujeitos e dos resultados brutos

f) Apresentar um histograma com a curva normal

Nota: Não esquecer de arquivar todos os ficheiros!

Ficha 5: Testes para duas proporções emparelhadas

Perguntou-se a um grupo de mulheres se perdoaria uma infidelidade do marido. Depois, convidou-se estas mulheres a participar em discussões sobre o assunto, e, finalmente, a responder de novo à questão. Os resultados figuram no quadro abaixo.

O investigador interroga-se se, com as trocas de pontos de vista, se pode mudar a atitude das mulheres acerca da infidelidade conjugal.

		Depois	
		Perdoaria	Não perdoaria
Antes	Perdoaria	6	1
	Não perdoaria	5	8

Ficha 6: Medidas de associação para duas variáveis nominais

Perguntou-se a 36 alunos dos dois sexos (masculino: M; feminino: F) em que área do secundário eles pretendem entrar (humanidades: H; científica: C ou técnica: T). Os resultados figuram na tabela abaixo.

Módulo 27: Fichas de Exercício   255

Sujeito	1	2	3	4	5	6	7	8	9	10	11	12	13	14	15	16	17	18
Sexo	M	M	M	M	M	M	M	M	M	M	M	M	M	M	M	M	M	M
Area	H	C	C	C	T	T	T	T	C	H	H	H	T	T	C	T	T	C

Sujeito	19	20	21	22	23	24	25	26	27	28	29	30	31	32	33	34	35	36
Sexo	M	F	F	F	F	F	F	F	F	F	F	F	F	F	F	F	F	F
Area	T	H	H	C	H	T	H	H	H	C	T	C	H	H	C	H	C	T

a) Determinar se existe diferença entre as escolhas dos rapazes e das raparigas;
b) Determinar o grau de associação entre as áreas escolhidas e o sexo dos alunos.
c) Representar graficamente a relação entre as duas variáveis.

Ficha 7: Testes para dois grupos e uma variável numérica

Doze mulheres e 9 homens apresentaram-se a um concurso de arte culinária. Sendo os resultados os seguintes, o júri pergunta-se se existe diferença entre os dois grupos sexuais.

Mulheres	Homens
10	6
10	7
10	8
12	8
15	12
17	16
17	19
19	19
20	22
22	
25	
26	

Ficha 8: Testes para um grupo e duas variáveis numéricas

Dois testes de medida de atitudes foram aplicados a 10 indivíduos, respectivamente antes e depois da sua participação num programa educacional. Mediante os resultados seguintes, pergunta-se se existe diferença entre os dois testes.

Antes	Depois
5	1
10	6
8	2
11	8
12	5
4	4
3	4
1	6
7	5
1	2

Ficha 9: Medidas de associação para duas variáveis numéricas

Um psicólogo do trabalho está interessado na relação entre a "Integração Visual Motora" (IVM: coordenação olho-mão) e a avaliação do trabalho dos empregados da divisão de produção duma fábrica de instrumentos ópticos. O investigador administra um teste de IVM a 20 empregados cujo trabalho é avaliado numa escala de 0 a 10 por um verificador. O quadro abaixo apresenta os resultados obtidos.

Módulo 27: Fichas de Exercício 257

Empregado	IVM	Avaliação
1	11	6
2	12	7
3	9	5
4	18	9
5	15	6
6	6	4
7	1	2
8	8	4
9	18	8
10	12	7
11	10	6
12	10	6

a) Determinar se a relação entre o teste de IVM e a avaliação do verificador é linear.
b) Calcular a correlação entre os dois pares de observações.

Ficha 10: Testes para vários grupos e uma variável numérica

Uma agência de viagens, que se quer especializar em viagens para Espanha, pede a uma amostra de clientes que avaliem a qualidade do hotel em que permaneceram numa conhecida cidade turística. Sendo a avaliação global máxima de 12 pontos, as notas atribuídas aos quatro hotéis testados figuram no quadro abaixo.

a) Determinar se os hotéis são avaliados de maneira diferente pelos clientes da agência.
b) No caso de haver diferenças, determinar quais dos hotéis receberam notas significativamente diferentes.

Fuente del Sol	Paraíso	Puerta del Mar	Posada Real
3	7	3	10
2	8	2	12
4	4	1	8
3	10	2	5
1	6	4	12
5		2	10
		3	9
		1	

Ficha 11: Modificações de dados ou de ficheiros

Algumas semanas passaram a partir do momento em que entrámos as observações da nutricionista da Ficha 1. Entretanto, ela calculou mais uma vez o número de quilos perdidos pelos seus clientes. Eis a nova versão do seu ficheiro de dados:

Cliente	Sexo	Estado de saúde	Semanas de dieta	Quilos perdidos (1)	Quilos perdidos (2)
1.	masculino	bom	11	10	8
2.	masculino	médio	5	6	10
3.	feminino	médio	8	7	9
4.	masculino	fraco	5	7	11
5.	masculino	bom	8	7	7
6.	feminino	bom	9	10	8
7.	feminino	bom	9	8	7
8.	feminino	bom	12	14	5
9.	feminino	fraco	11	9	6
10.	masculino	médio	11	13	8

* O relatório médico do cliente 4 chegou!

a) Juntando uma coluna ao ficheiro de dados constituído, introduzir as novas medidas
b) Utilizando apenas as observações relativas aos homens, calcular a correlação entre as semanas de dieta e o número de quilos perdidos na altura da primeira série de observações
c) Utilizando o conjunto de observações, criar uma nova variável que soma os quilos perdidos
d) Dividir o conjunto dos clientes em dois grupos, o primeiro formado pelos clientes cujo estado de saúde é fraco ou médio, o segundo formado pelos clientes cujo estado de saúde é bom
e) Determinar se os dois grupos de clientes diferem relativamente ao número médio de quilos perdidos.

Ficha 12: Menu de ajuda

– Abrir o ficheiro *dieta.sav*
– Clicar em

Analyze
Descriptive Statistics
Frequencies

– Clicar na tecla *Help*
– O que faz este procedimento?
– Clicar duas vezes no botão direito do rato sobre a tecla *Charts...*
– O que é que se pode fazer premindo esta tecla?
– Introduzir a variável sexo e premir *OK*
– Seleccionar, no *output*, o quadro da distribuição de frequências
– Clicar no botão direito do rato sobre a indicação "*Valid Percent*"
– O que é isso?
– Mantendo o quadro seleccionado, clicar no menu *Help*
– Clicar no *Results Coach*
– Para que servem as tabelas de frequências?
– Como é que se pode representar graficamente o seu conteúdo?
– Sair do *Results Coach*
– Clicar novamente no menu *Help*
– Clicar no *Topics*
– Clicar no *Indice remissivo*
– Procurar *Bivariate correlation*
– O que é o coeficiente de correlação de Pearson?
– Procurar, ainda, informação sobre os histogramas
– Sair do menu de ajuda

Ficha 13: Análise da variância com medidas repetidas

Um investigador quer determinar os efeitos de quatro drogas sobre o tempo de realização duma série de tarefas determinadas.

Todos os participantes tiveram treino nestas tarefas antes da experiência. Os participantes são tirados ao acaso duma população em que o investigador está interessado. Cada participante é observado com cada droga. A ordem de administração das drogas é controlada. O tempo entre as várias administrações é suficiente para evitar o efeito duma droga sobre o efeito da droga seguinte. Os resultados registados apresentam os tempos de realização das tarefas.

Quais são as conclusões do investigador?

Sujeito	Droga1	Droga2	Droga3	Droga4
1	30	28	16	34
2	14	18	10	22
3	24	20	18	30
4	38	34	20	44
5	26	28	14	30

Ficha 14: Análise da variância com duas dimensões

Um investigador está interessado em determinar o efeito da música sobre a memorização de textos fáceis ou difíceis. Os participantes, escolhidos ao acaso, são aleatoriamente distribuídos em quatro condições experimentais: metade dos participantes deve aprender uma lista de palavras conceptualmente relacionadas, enquanto que a outra metade deve aprender uma lista de palavras sem relação. Dentro de cada condição de aprendizagem, metade dos participantes trabalha com fundo musical, enquanto que a outra metade trabalha sob silêncio. O quadro abaixo apresenta o número total de erros efectuados pelos participantes.

Quais são as conclusões do investigador?

	Silêncio	Música
Lista de palavras relacionadas	9 8 7 5 6 4	15 13 9 9 10 11
Lista de palavras não relacionadas	10 12 18 16 17 15	19 16 18 20 14 15

Ficha 15: Correlação parcial

A professora duma pequena escola que tinha administrado um teste de conhecimentos gerais a um grupo de alunos do ensino básico, descobriu que havia uma correlação significativa entre o resultado no teste e o peso dos alunos. O que se pode pensar deste resultado?

Aluno	Idade (em anos)	Peso (em quilos)	Nota (em 100)
1.	9	24	62
2.	6	17	50
3.	10	27	73
4.	11	29	81
5.	8	21	64
6.	9	23	68
7.	7	20	54
8.	10	30	68
9.	8	20	55
10.	7	19	44
11.	8	24	52
12.	11	34	75

a) Calcular as correlações entre todos os pares de variáveis
b) Verificar a relação entre o peso e a nota, controlando o efeito da idade
c) Interpretar em termos de variância

Ficha 16: Regressão múltipla

Vários testes foram administrados a 30 alunos para obter uma medida de perseverança, de motivação e de criatividade. O investigador procura saber qual(ais) destas características, às quais ele acrescenta ainda a idade, tem a maior influência nos resultados obtidos num teste de estatística.

Sujeito	Perseverança	Idade	Estatística	Motivação	Criatividade
01	83	29	—	10	9
02	73	26	—	7	15
03	89	40	15	7	8
04	82	46	7	7	10
05	93	63	14	11	18
06	80	54	9	6	16
07	83	29	11	9	14
08	88	35	14	12	11
09	88	33	12	10	9
10	69	27	13	8	15
11	71	29	7	6	16
12	00	19	6	4	13
13	90	55	14	9	19
14	85	29	9	8	15
15	91	48	14	13	11
16	79	32	11	8	10
17	83	48	10	7	17
18	67	18	8	9	16
19	75	28	15	13	10
20	88	37	11	8	18
21	00	43	12	11	13
22	87	39	10	10	15
23	90	53	13	11	14
24	80	34	7	5	14
25	85	43	13	9	13
26	70	21	13	14	9
27	81	50	10	6	19
28	62	31	6	7	17
29	68	31	11	10	8
30	82	52	14	12	8

—: Não se apresentaram

Módulo 27: Fichas de Exercício 263

TESTE DE REVISÃO I

Coloque uma cruz em cada quadradinho que corresponda a uma resposta correcta (pode haver uma, várias, ou nenhuma resposta(s) certa(s)).

> Dois professores de estatística gostavam de saber se o facto dos alunos provirem do ensino privado ou do ensino público influencia o desempenho na sua disciplina. Os resultados obtidos no exame de avaliação final figuram abaixo:
>
> Privado: 7 8 11 12 13 16 17
> Público: 10 10 12 12 13 15

1. Os professores pretendem analisar os dados com o SPSS. Quantas colunas vão ser preenchidas no seu ficheiro de dados?

☐ 1
☐ 2
☐ 3
☐ outro número de colunas

2. Defina a variável "resultados":

Name:
Type:
Width:
Decimals:
Label:

3. Pode-se prever como valor omisso para os resultados obtidos no exame de estatística:

☐ 9
☐ 99
☐ as duas opções
☐ nenhuma das duas opções

4. Indique o que se deve fazer para atribuir os rótulos dos valores à variável que indica a proveniência dos estudantes

Variable View
Values _____

_____

_____

_____

5. De entre os seguintes comandos, indique qual(is) permite(m) obter a moda da distribuição dos resultados:

☐ Frequencies
☐ Descriptives
☐ As duas opções
☐ Nenhuma destas opções

6. Calculou-se várias estatísticas para descrever a distribuição dos resultados. Indique como proceder para criar um ficheiro que conserve os procedimentos utilizados.

---

7. Chamou-se "ensino" à variável que indica a proveniência dos estudantes. Nesta situação, a variável "ensino" é:

☐ dependente
☐ independente
☐ aleatória
☐ nenhuma destas opções

Módulo 27: Fichas de Exercício   265

8. Se quisermos comparar os resultados dos alunos do ensino privado com os dos alunos do ensino público, vamos utilizar:

- ☐ um teste para amostras emparelhadas
- ☐ um teste para amostras independentes
- ☐ um teste para uma amostra
- ☐ nenhuma destas opções

9. Uma variável métrica é uma variável:

- ☐ contínua
- ☐ discreta
- ☐ ou contínua ou discreta
- ☐ nem contínua nem discreta

10. Frequências relativas podem ser utilizadas para descrever uma variável:

- ☐ nominal
- ☐ ordinal
- ☐ métrica
- ☐ as três
- ☐ nenhuma

11. Histogramas podem ser utilizados para representar graficamente uma variável:

- ☐ nominal
- ☐ ordinal
- ☐ métrica
- ☐ as três
- ☐ nenhuma

12. Se quase todos os alunos obtiveram uma nota boa no exame de estatística, a distribuição dos resultados é:

- ☐ simétrica
- ☐ com assimetria positiva
- ☐ com assimetria negativa
- ☐ normal

13. Das quatro turmas seguintes, qual é a mais homogénea:

Resultados escolares:	A	B	C	D
Média	68	72	70	67
Desvio-padrão	9.1	10.2	8.3	9.8

14. Quando se aceita a hipótese nula de uma diferença entre médias, isto significa que a diferença observada:

☐ é devida ao acaso
☐ é devida a uma causa sistemática
☐ é nula
☐ não é nula

15. Indique em quais das situações seguintes se utiliza um teste unilateral:

☐ testa-se se as opiniões das mulheres acerca da infidelidade conjugal diferem das opiniões dos homens.

☐ determina-se se as opiniões das mulheres acerca da infidelidade conjugal mudaram em consequência duma discussão de grupo.

☐ verifica-se se os conhecimentos linguísticos dos homens melhoraram em consequência dum curso intensivo de inglês.

☐ compara-se as "performances" em inglês dos homens numa prova oral e numa prova escrita.

16. A probabilidade de cometer um erro de tipo I é menor em qual dos casos seguintes:

☐ $p = .10$
☐ $p = .05$
☐ $p = .01$
☐ $p = .001$

Módulo 27: Fichas de Exercício

17. Uma diferença significativa é sistematicamente observada entre as duas condições de uma mesma experiência. No quadro de um trabalho prático, um estudante replica a experiência com um pequeno número de sujeitos. Ele aplica um teste que não lhe permite concluir que a diferença entre condições não é devida ao acaso. O estudante encontra-se numa situação em que deve concluir que, no seu trabalho, a diferença observada é:

- ☐ significativa com um erro do tipo I
- ☐ significativa com um erro de tipo II
- ☐ não significativa com um erro de tipo I
- ☐ não significativa com um erro de tipo II

18. Na situação descrita na questão 17, tem-se o maior número de possibilidades de rejeitar a hipótese nula com um teste:

- ☐ unilateral
- ☐ bilateral
- ☐ não faz diferença

19. Na situação descrita na questão 17, tem-se o maior número de possibilidades de evitar o erro:

- ☐ aumentando o número de sujeitos nas duas condições
- ☐ diminuindo o número de sujeitos nas duas condições
- ☐ aumentando o número de sujeitos em uma das condições e diminuindo-o na outra
- ☐ nenhuma das soluções propostas

20. Qual o número de graus de liberdade numa situação em que o produto de quatro números é fixo?

- ☐ 1
- ☐ 2
- ☐ 3
- ☐ 4

268 *Análise de Dados na Investigação em Psicologia*

TESTE DE REVISÃO II

> A descrição dos procedimentos a utilizar com o SPSS requer que seja mencionada a forma como as variáveis são introduzidas.
>
> As resoluções à mão devem incluir todos os cálculos efectuados.

Investigação 1:

Uma empresa realiza um inquérito sobre electrodomésticos. Eis alguns dos itens que fazem parte do questionário:

Dados pessoais:

Sexo : ☐ feminino ☐ masculino
Estado civil: ☐ solteiro/a ☐ casado/a

Quando lava a roupa na máquina, como é que faz?

	Nunca	Rara-mente	Por vezes	Frequen-temente	Sempre
Utilizo um tira-nódoas	☐	☐	☐	☐	☐
Coloco a roupa de molho	☐	☐	☐	☐	☐
Faço uma pré-lavagem à mão	☐	☐	☐	☐	☐
Aumento a temperatura de lavagem	☐	☐	☐	☐	☐
Aumento a dose de detergente	☐	☐	☐	☐	☐

Questão 1

Imagine que deve introduzir estes dados no SPSS. Indique, no quadro abaixo, como definiria *as quatro primeiras* variáveis apresentadas.

Name	Type	Width	Decimal	Labels	Values	Missing

Questão 2

Para saber se o questionário estava bem redigido, este foi administrado, numa primeira fase, a um número reduzido de clientes. Utilizando as respostas registadas no quadro que se segue, determine se os clientes de sexo masculino diferem significativamente dos clientes de sexo feminino na utilização de um tira-nódoas.

Clientes de sexo masculino	Clientes de sexo feminino
2	3
1	3
3	5
2	3
2	4
4	3
3	2
1	2
3	5
2	4

Investigação 2:

Uma investigadora pretendeu saber se a representação da repartição do poder entre cônjuges na realidade quotidiana corresponde à divisão ideal do poder familiar. Para isso administra um questionário com duas versões. Na primeira versão, os inquiridos devem avaliar (em percentagem) o grau de participação habitual e ideal dos maridos (*alvo=1*) em várias tomadas de decisão e na segunda versão, o grau de participação habitual e ideal das mulheres (*alvo=2*) nas mesmas tomadas de decisão.

Questão 3

Indique como procedeu no SPSS para reter para análise apenas as respostas que respeitam às mulheres?

Questão 4

Comparou-se a participação habitual [*hcarro*] e a participação ideal [*icarro*] das mulheres na decisão de "comprar um carro". Comente extensivamente os resultados apresentados nos três quadros abaixo, justificando *completamente* os seus comentários.

Paired Samples Statistics

		Mean	N	Std. Deviation	Std. Error Mean
Pair 1	HCARRO ccarro/habitual	44,2105	57	24,92470	3,30136
	ICARRO ccarro/ideal	55,4386	57	18,81016	2,49147

Paired Samples Correlations

		N	Correlation	Sig.
Pair 1	HCARRO ccarro/habitual & ICARRO ccarro/ideal	57	,445	,001

Módulo 27: Fichas de Exercício 271

Paired Samples Test

		Paired Differences					
		Mean	Std. Deviation	Std. Error Mean	t	df	Sig. (2-tailed)
Pair 1	HCARRO ccarro/habitual - ICARRO ccarro/ideal	-11,2281	23,60918	3,12711	-3,591	56	,001

Questão 5

Procurou-se determinar se a tendência política dos inquiridos influencia as suas respostas relativamente à participação ideal das mulheres na decisão de "escolher o programa de televisão" [*iprogtv*]. Comente extensivamente os resultados apresentados nos três quadros abaixo, justificando *completamente* os seus comentários.

Descriptives

IPROGTV esc. prog. TV/ideal

	N	Mean	Std. Deviation	Std. Error
1,00 esquerda	11	61,8182	20,88932	6,29837
2,00 centro	17	41,1765	21,76073	5,27775
3,00 direita	11	59,0909	15,78261	4,75864
4,00 sem tendência	17	62,3529	18,55041	4,49913
Total	56	55,1786	21,23386	2,83749

ANOVA

PROGTV esc. prog. TV/ideal

	Sum of Squares	df	Mean Square	F	Sig.
Between Groups	4861,316	3	1620,439	4,226	,010
Within Groups	19936,898	52	383,402		
Total	24798,214	55			

Multiple Comparisons

Dependent Variable: IPROGTV esc. prog. TV/ideal
LSD

(I) POLIT politica	(J) POLIT politica	Mean Difference (I-J)	Std. Error	Sig.
1,00 esquerda	2,00 centro	20,6417 *	7,57679	,009
	3,00 direita	2,7273	8,34922	,745
	4,00 sem tendência	-,5348	7,57679	,944
2,00 centro	1,00 esquerda	-20,6417 *	7,57679	,009
	3,00 direita	-17,9144 *	7,57679	,022
	4,00 sem tendência	-21,1765 *	6,71611	,003
3,00 direita	1,00 esquerda	-2,7273	8,34922	,745
	2,00 centro	17,9144 *	7,57679	,022
	4,00 sem tendência	-3,2620	7,57679	,669
4,00 sem tendência	1,00 esquerda	,5348	7,57679	,944
	2,00 centro	21,1765 *	6,71611	,003
	3,00 direita	3,2620	7,57679	,669

*. The mean difference is significant at the .05 level.

Investigação 3:

Duas investigadoras interrogam-se sobre as atitudes dos homens e das mulheres relativamente ao sexo oposto, e sobre as opiniões acerca de vários aspectos da vida privada. Constróem, com este intuito, um questionário de escalas de opiniões (1=discordo totalmente; 7=concordo totalmente), com duas versões (condição 1: opiniões acerca dos homens; condição 2: opiniões acerca das mulheres).

Dentro dos itens, as quatro questões seguintes eram relativas à importância de "ter filhos": ter filhos é a maior fonte de alegria para uma pessoa [filhaleg], uma pessoa que não tem filhos prepara-se para uma velhice solitária [filhsoli], ter filhos para assegurar a sobrevivência da sociedade é o dever das pessoas [filhdeve], a maior prenda que uma pessoa pode dar ao seu cônjuge é um filho [filhpren].

Módulo 27: Fichas de Exercício   273

Questão 6

Pretende-se comparar o grau de acordo dos respondentes com os quatro itens relativos à importância de "ter filhos".

a) Que procedimento estatístico se deve utilizar para determinar se as respostas aos quatro itens diferem significativamente?
b) Descreva como obter esta informação no SPSS
c) O procedimento pedido levou à obtenção de vários quadros. O quadro abaixo apresenta uma primeira informação relevante. Infelizmente, ao limpar a informação desnecessária contida no quadro, um valor foi apagado. Complete o espaço que ficou em branco (linha tracejada), apresentando os cálculos que efectuou para calcular o valor indicado.

Tests of Within-Subjects Effects

Measure: MEASURE_1

Source		Type III Sum of Squares	df	Mean Square	F	Sig.
FACTOR1	Sphericity Assumed	388,089	3	_____	56,297	,000
Error(FACTOR1)	Sphericity Assumed	1199,496	522	2,298		

d) O quadro acima apresentado permite concluir que o grau de acordo com os quatro itens (ponha uma cruz na resposta correcta e justifique):

☐ é significativamente diferente, porque _____

_____

☐ não é significativamente diferente, porque _____

_____

e) O que é que se deve ainda examinar para que se possa dar uma resposta completa e interessante à questão colocada?

Questão 7

Indique como procederia no SPSS para criar uma variável [*filhos*] que contivesse a média das quatro questões relativas à importância de "ter filhos".

Questão 8

Se quisesse determinar se os inquiridos dos dois sexos se distribuem de forma equivalente pelas duas categorias de estado civil (solteiros(as); casados(as)), que procedimento estatístico utilizava? Ponha uma cruz na(s) resposta(s) correcta(s).

Uma correlação linear múltipla ☐
Uma análise da variância ☐
Uma análise de regressão múltipla ☐
Um teste do qui-quadrado ☐

Questão 9

Retendo apenas as respostas que dizem respeito às opiniões acerca das mulheres, procurou-se saber se as respostas dos inquiridos relativamente à importância de "ter filhos" (para as mulheres) diferem em função do sexo de pertença (masculino=1; feminino=2) e estado civil (solteiro=1; casado=2) dos inquiridos. Os resultados fornecidos pelo SPSS são apresentados nos três quadros seguintes. Comente a informação contida nestes três quadros, *justificando completamente* a sua resposta.

Between-Subjects Factors

		Value Label	N
SEXO sexo do sujeito	1	masculino	38
	2	feminino	46
ESTCIVIL estado civil	1	solteiro	40
	2	casado	44

Módulo 27: Fichas de Exercício

Descriptive Statistics

Dependent Variable: FILHOS

Sexo do sujeito	Estado civil	Mean	Std. Deviation	N
1 masculino	1 solteiro	3,9833	1,23008	15
	2 casado	4,4783	1,31407	23
	Total	4,2829	1,28816	38
2 feminino	1 solteiro	3,1600	,98393	25
	2 casado	3,7042	,99987	21
	Total	3,4084	1,01773	46
Total	1 solteiro	3,4687	1,14100	40
	2 casado	4,1088	1,22533	44
	Total	3,8040	1,22188	84

Tests of Between-Subjects Effects

Dependent Variable: FILHOS

Source	Type III Sum of Squares	df	Mean Square	F	Sig.
Corrected Model	21,517(a)	3	7,172	5,603	,002
Intercept	1187,673	1	1187,673	927,849	,000
SEXO	12,903	1	12,903	10,080	,002
ESTCIVIL	5,460	1	5,460	4,265	,042
SEXO * ESTCIVIL	,012	1	,012	,010	,922
Error	102,402	80	1,280		
Total	1339,445	84			
Corrected Total	123,919	83			

a R Squared = ,174 (Adjusted R Squared = ,143)

Questão 10

No intuito de avaliar o que melhor prediria as respostas quanto à importância de "ter filhos" (para as mulheres), examinou-se a influência de um conjunto de variáveis, nomeadamente o sexo de pertença dos indivíduos, o estado civil, o nível de sexismo e o grau de crença nas diferenças entre os sexos. Que procedimento estatístico se utilizou? Ponha uma cruz na(s) resposta(s) correcta(s).

Uma correlação linear múltipla ☐

Uma análise da variância ☐

Uma análise de regressão múltipla ☐

Um teste do qui-quadrado ☐

MÓDULO 28:

RESPOSTAS AOS EXERCÍCIOS

FICHA 1

a)

Coluna	Variável	Rótulo da Variável	Rótulo dos Valores	Valores Omissos
1	nsuj	número do sujeito		
2	sexo		1 = masculino 2 = feminino	
3	saude	estado de saúde	1 = fraco 2 = médio 3 = bom	9
4	tempo	número de semanas de dieta		
5	peso	número de quilos perdidos		

b)

	V1	V2	V3	V4	V5
1	1	1	3	11	10
2	2	1	2	5	6
3	3	2	2	8	7
4	4	1	9	5	7
5	5	1	3	8	7
6	6	2	3	9	10
7	7	2	3	9	8
8	8	2	3	12	14
9	9	2	1	11	9
10	10	1	2	11	13

278   *Análise de Dados na Investigação em Psicologia*

c) *Variable View*

	nsuj	sexo	saude	tempo	peso
Name	nsuj	sexo	saude	tempo	peso
Type			numeric		
Width	2	1	1	2	2
Decimals	0	0	0	0	0
Label		Introduzir o rótulo da variável			
Values	–	1 masc	1 fraco	–	–
	–	2 femi	2 médio	–	–
	–	–	3 bom	–	–
Missing					
Discrete missing					
values	–	–	9	–	–
Column	6	6	6	6	6
Align		Escolher, por exemplo, center			
Measure			Scale		

d) *File*
   Save As
     File Name: dieta.sav
      Guardar em: a:

e) *File*
   Exit

FICHA 2

a)

Coluna	Variável	Rótulo da variável	Rótulo dos valores
1	tir	tiragem	–
2	res	resultado	1 = espada
			2 = copa
			3 = ouro
			4 = pau

Módulo 28: Respostas aos Exercícios

b)

1	4
2	4
3	1
etc.	

c) *Variable View*

Name	tir	res
Type		*numeric*	
Width	2	1
Decimals	0	0
Label	tiragem	resultado
Values	–	1 = espada
	–	2 = copa
	–	3 = ouro
		4 = pau
Missing		
Discrete values	–	–
Columns	6	6
Align		Center
Measure		*Scale*

d) *File*
   Save As
     File Name: carta.sav
       Guardar em: a:

e) RES   resultado

Value Label	Value	Frequency	Percent	Valid Percent
espada	1	2	14,3	14,3
copa	2	6	42,9	42,9
ouro	3	2	14,3	14,3
pau	4	4	28,6	28,6
	Total	14	100,0	100,0

f) Moda 2: copa

g)

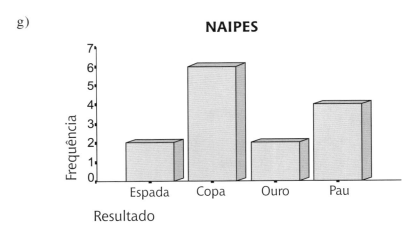

h) *File*
   Save As
      File Name: carta.spo
      Guardar em: a:

i) *File*
   Exit

FICHA 3

a)

Coluna	Variável	Rótulo da variável	Rótulo dos valores	Valores omissos
1	nsuj	número do sujeito		
2	resp	situação económica	1 = pior 2 = igual 3 = melhor	9

b)
    1 3
    2 3
    3 2
    etc.

c) Ver Exercício 1

d) Ver Exercício 2

e) Obtém-se, com a tecla *Paste*, o ficheiro de comandos seguinte:

```
FREQUENCIES
  VARIABLES=resp
  /NTILES= 4
  /STATISTICS=MINIMUM MAXIMUM.
```

Minimum: 1.00   Maximum: 3.00 Q_1: 1.75 Q_2: 2.00 Q_3: 3.00

f)

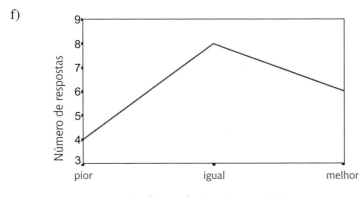

282   *Análise de Dados na Investigação em Psicologia*

g) Ver Exercício 2
  Save As
    File Name: siteco.sps
    Guardar em: a:

Arquivar da mesma forma siteco.spo

h) Ver Exercício 2

FICHA 4

Exercício do Módulo 6:
a)

Coluna	Variável	Rótulo da variável	Rótulo dos valores	Dados omissos
1	nsuj	número do sujeito		
2	resul	resultado		99

b) Média: 23.00 Desvio-padrão: 9.26
   Assimetria: .68 Curtose: .72

c) A distribuição é leptocúrtica e tem assimetria positiva.

d) e e) Com *Analyze / Reports / Case summaries / nsuj resul zresul*, obtém-se:

NSUJ	RESUL	ZRESUL
1	29	,64768
2	43	2,15894
3	17	-,64768
4	9	-1,51126
5	14	-,97152
6	25	,21589
7	26	,32384
8	19	-,43179
9	22	-,10795
10	33	1,07947
11	15	-,86358
12	24	,10795

f)

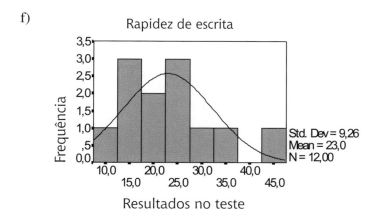

Exercício do Módulo 8:
Sendo a média amostral de 23.00 (N=12), os limites de confiança de 95% para a média populacional são 17.11 e 28.89, ou seja: 17.11 <= μ <= 28.89.

Exercício do Módulo 10:
a) H_0: $\mu_1 - \mu_2 = 0$
t(11) = –.75, ns (teste bicaudal)

Não se pode concluir que a média populacional é diferente de 25.

b) O resultado podia ser previsto. Com efeito, o exercício do Módulo 8 indicava que uma média de 25 cai dentro dos limites de confiança.

FICHA 5
Segundo o teste binomial (B + C = 6): p = .22 (teste bicaudal). Não se pode concluir que as trocas de pontos de vista mudam a atitude das mulheres acerca da infidelidade conjugal.

FICHA 6
a) $\chi^2(2)$=4.92, ns. No entanto, sendo o valor p de p = .086, pode-se dizer que a diferença tende a ser significativa. Por isso, podemos responder à questão b).

b) Segundo o V de Crámer, a associação entre as variáveis é de .37; segundo o C de contingência, é de .35.

c)
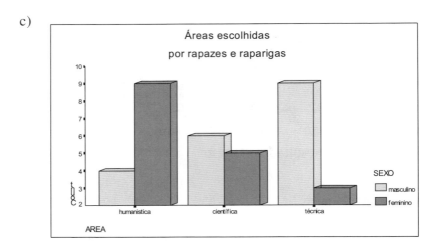

FICHA 7
a) Com o teste t de Student:
   t(19) = -1.51, ns

b) Com o teste dos sinais
   N = 21, Md=16, p = .39 (probabilidade exacta)

c) Com o teste de Wilcoxon: R_1 (ou W): 78.0, ns; ou, com fórmula do z: z = -1.50, ns

Não se pode concluir que haja uma diferença entre os dois grupos sexuais.

FICHA 8
a) Com o teste t de Student:
   t(9) = 1.64, ns

b) Com o teste dos sinais:
   6 (-); 3 (+); p = .51 (teste binomial)

c) Com o teste T de Wilcoxon:
z = -1.48, ns

Não se pode concluir que haja uma diferença significativa entre os dois testes.

FICHA 9

Exercício do Módulo 15:
a) A relação é linear

b) Com o r de Pearson (teste bicaudal):
r = .94, p < .001 (N=12)

c) Com o ρ de Spearman (teste bicaudal):
ρ = .94, p < .001 (N=12)

Exercício do Módulo 16:
a) Y' = 1.82 + .37X

b) Sendo a nota no teste de IVM X = 14, pode-se predizer que a nota do avaliador será Y' = 7.01.

c) Sendo a nota predita Y' = 7.01, os limites de confiança de 95% para a predição são 5.40 e 8.61, ou seja: 5.40 <= Y' <= 8.61.

FICHA 10
Exercício do Módulo 17:
a) Os hotéis são avaliados de maneira diferente pelos clientes $(F(3,22) = 24.03, \ p<.001)$.

b) Diferenças entre pares de médias

Com o teste t de Student:

A Posada Real ($\overline{X} = 9.43$) obtém avaliações melhores que todos os outros hotéis. De seguida, o Paraíso ($\overline{X} = 7.00$) obtém notas superiores à Fuente del Sol ($\overline{X} = 3.00$) e Puerta del Mar ($\overline{X} = 2.25$), não obtendo estes últimos avaliações diferentes.

Com o teste de Scheffé:

A Posada Real e o Paraíso não recebem avaliações diferentes mas obtêm notas superiores à Fuente del Sol e Puerta del Mar.

Exercício do Módulo 18:
$eta^2 = .766$

Pode-se concluir que 76.6% da variação entre as notas pode atribuir-se ao facto dos clientes avaliarem hotéis diferentes.

FICHA 11
b) select if (sexo=1)

$r = .87 \ p = .057 \ (N=5)$ ou
$\rho = .89 \ p = .042 \ (N=5)$

Pode-se concluir que há, provavelmente, uma correlação positiva entre o número de semanas de dieta e o número de quilos perdidos.

c) select (all)
compute sompes = peso + pesob

d) recode grpsau(1,2 = 1)(3 = 2)
e) Grpsau = 1 (estado fraco/médio): $\overline{X} = 17.2$ quilos perdidos
   Grpsau = 2 (estado bom): $\overline{X} = 16.8$ quilos perdidos

Com o teste dos sinais, p = 1.00 (probabilidade exacta)

Não se pode concluir que há uma diferença entre os dois grupos.

FICHA 12
./.

FICHA 13
Pode-se concluir que as drogas têm um efeito diferente sobre o tempo de realização das tarefas (F(3,12) = 24.76, p < .001): a droga 3 ($\overline{X}$=15.60) tem um efeito menor do que todas as outras drogas, enquanto a droga 4 ($\overline{X}$ = 32.00) tem, pelo contrário, um efeito maior do que todas as outras. Não há diferenças entre as drogas 1 ($\overline{X}$ = 26.40) e 2 ($\overline{X}$ = 25.60).

FICHA 14
Quando se memoriza um texto fácil, o número de erros ($\overline{X}$ = 8.83) é significativamente menor de que quando se memoriza um texto difícil ($\overline{X}$ = 15.83) (F(1,20) = 48.33, p < .001).

A música tem, de forma geral, um efeito sobre a memorização: Quando a aprendizagem se efectua sob silêncio, o número de erros ($\overline{X}$ = 10.58) é significativamente menor do que quando a aprendizagem se faz com fundo musical ($\overline{X}$ = 14.08) (F(1,20) = 12.08, p = .002).

Não há interacção entre os dois factores (F(1,20) = 1.34, ns).

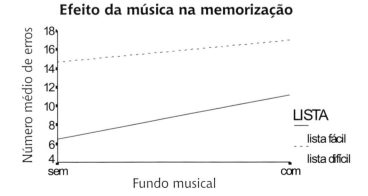

FICHA 15

A correlação bivariada entre o peso e a nota é de: .81, p =.001. No entanto, se se eliminar o efeito da idade, esta correlação reduz-se a -.37, ns.

Sendo .66 a proporção da variabilidade da nota atribuível à variabilidade do peso, e .14 a proporção da variabilidade atribuível à variabilidade do peso quando o efeito da idade é retirado, pode-se inferir que a proporção da variabilidade da nota que resulta da variabilidade da idade é de .52. Portanto, 79% da correlação entre nota e peso é devida ao efeito da idade.

FICHA 16

O modelo considerado é adequado (R = .79, R^2 = .63; R^2_{ajus} = .56), $F(4,21)$ = 8.82, p<.001). 56% da variabilidade nos resultados no teste de estatística é explicada pela combinação dos factores considerados.

Segundo as correlações bivariadas, a motivação está associada significativamente com a estatística (r = .69, p<.001), bem como a perseverança (r = .47, p = .008) e a criatividade (r = -.36, p = .036, unicaudal).

No entanto, quando se juntam todos os factores, a motivação revela-se o melhor preditor dos resultados no teste de estatística, sendo a sua contribuição a única a ser significativa.

TESTE DE REVISÃO I

1. 3 colunas

2.

Name:	resul
Type:	numeric
Width:	2
Decimals:	0
Label:	resultado do teste de estatística

Módulo 28: Respostas aos Exercícios 289

3. 99

4. 1 = privado ADD
   2 = público ADD

5. Frequencies

6. PASTE

7. independente

8. para amostras independentes

9. ou contínua ou discreta

10. as três

11. ordinal e métrica

12. com assimetria negativa

13. C

14. é devida ao acaso

15. resposta 3: verificar se os conhecimentos melhoraram

16. p = .001

17. não significativo com um erro de Tipo II

18. unilateral

19. aumentando o número de sujeitos nas duas condições

20. 3

TESTE DE REVISÃO II

Questão 1

Name	Type	Width	Decimal	Labels	Values	Missing
nsuj	numérico	2	0	número do sujeito		
sexo	numérico	1	0		1 = masculino 2 = feminino	9
estciv	numérico	1	0	estado civil	1 = solteiro 2 = casado	9
tiranod	numérico	1	0	Utilizo um tira-nódoas	1 = nunca 2 = raramente 3 = por vezes 4 = frequentemente 5 = sempre	9

Questão 2
Teste dos sinais para amostras independentes: $Md = 3$; $p = .30$, ns. Os clientes de sexo masculino não diferem significativamente dos clientes de sexo feminino na utilização de um tira-nódoas.

Questão 3
Data
   Select cases
      If alvo = 2

Questão 4
Para 57 respostas:
participação habitual: 44.21% (s = 24.92)
participação ideal: 55.44% (s = 18.81)

$r = .45$, $p = .001$, as duas respostas covariam de forma muito significativa

$t(56) = 3.59$, $p = .001$, a diferença na avaliação da participação das mulheres na decisão de comprar um carro é muito significativa: os inquiridos acham que, idealmente, as mulheres deviam ter um maior grau de participação nesta decisão do que têm habitualmente.

Módulo 28: Respostas aos Exercícios 291

Questão 5
A participação ideal das mulheres na decisão de "escolher o programa de televisão" foi avaliada da seguinte forma pelos 56 inquiridos:

Para os 17 "sem tendência política" : 62.35% (s=18.55)
Para os 11 "de esquerda" : 61.82% (s=20.89)
Para os 11 "de direita" : 59.09% (s=15.78)
Para os 17 "do centro" : 41.18% (s=21.76)

A diferença entre as respostas dos quatro grupos é significativa $(F(3,52) = 4.23, p=.010)$.

A comparação entre pares de médias revela que, em comparação com os outros inquiridos, os inquiridos "do centro" consideram que, idealmente, as mulheres deviam participar menos na decisão de "escolher o programa de televisão".

Questão 6
a) Uma análise da variância com medidas repetidas.

b)
    Analyze
      General Linear Model
        Repeated Measures
          Nome do factor: filhos
          Níveis (4)
            Define:
              1 = filhaleg
              2 = filhsoli
              3 = filhdeve
              4 = filhpren

c) 129.36

d) é significativamente diferente, porque $F(3,522) = 56.30$, $p<.001$.

e) deve-se comparar duas a duas as respostas às quatro variáveis

292 *Análise de Dados na Investigação em Psicologia*

Questão 7
Transform
  Compute
    (filhaleg + filhsoli + filhdeve + filhpren)/4

Questão 8
Um teste do qui-quadrado

Questão 9
A análise incide sobre as respostas de:

38 sujeitos de sexo masculino e 46 sujeitos de sexo feminino, dentro dos quais 40 são de solteiros e 44 casados.

As opiniões dos inquiridos podem ser descritas da seguinte forma (ordenação por grau de acordo que é importante, para as mulheres, de ter filhos):

Os 23 homens casados: 4.48 (s = 1.31)
Os 15 homens solteiros: 3.98 (s = 1.23)
As 21 mulheres casadas: 3.70 (s = 1.00)
As 25 mulheres solteiras: 3.16 (s = .98)

A análise da variância revela uma diferença significativa entre as respostas dos dois grupos sexuais. Em comparação com as mulheres, os homens acham que é mais importante para as mulheres ter filhos (homens: 4.28; mulheres: 3.41; $F(1,80) = 10.08$, $p = .002$). O estado civil influencia também as opiniões. Em comparação com os solteiros, os inquiridos casados julgam que é mais importante para as mulheres ter filhos (casados: 4.11; solteiros: 3.47; $F(1,80) = 4.27$, $p = .042$). Não há interacção entre as duas variáveis ($F(1,80) = .01$, ns).

Questão 10
Uma análise de regressão múltipla

ANEXO 1

OS NÚMEROS INTEIROS

Os métodos não-paramétricos que utilizam as propriedades das ordens (1, 2, 3, ..., N), substituem as ordens por números cardinais. Portanto, as ordens são representadas pelos números inteiros 1, 2, 3, ..., N, simbolizados por X_1, X_2, X_3, ..., X_N. Para quem utiliza estes procedimentos, pode ser útil conhecer algumas propriedades dos números inteiros.

1. Propriedades

A soma e a soma dos quadrados dos N primeiros números inteiros são respectivamente dadas por:

$$\sum X = \frac{N(N+1)}{2}$$

$$\sum X^2 = \frac{N(N+1)(2N+1)}{6}$$

A média dos N primeiros inteiros é dada por:

$$\overline{X} = \frac{(N+1)}{2}$$

e a variância é obtida por:

$$s^2 = \frac{N^2-1}{12}$$

A média é uma função simples da variância:

$$\overline{X} = \frac{6s^2}{N-1}$$

Temos N indivíduos (I_1, I_2, ..., I_N) classificados a partir de duas variáveis, X e Y. As ordens relativas a X podem ser indicadas com X_1, X_2, ..., X_N, e as ordens relativas a Y com Y_1, Y_2, ..., Y_N. Por exemplo, podemos ter as ordens seguintes para 5 indivíduos definidos com as duas medidas X e Y:

I	X	Y
1	1	1
2	2	4
3	3	3
4	4	5
5	5	2

As ordens de Y não são iguais às ordens de X. Uma medida comum de diferença entre as ordens é a soma dos quadrados das diferenças entre as pares de ordens ($\Sigma d^2 = \Sigma(X-Y)^2$).

No exemplo acima, temos:

I	X	Y	X-Y	$(X-Y)^2$
1	1	1	0	0
2	2	4	-2	4
3	3	3	0	0
4	4	5	-1	1
5	5	2	+3	9

$\Sigma d^2 = 14$

Σd^2 pode variar entre 0 e:

$$\sum d_{MAX}^2 = \frac{N(N^2-1)}{3}$$

Se as ordens de Y são arranjadas duma maneira aleatória em relação a X, o valor esperado de Σd^2 é simplesmente a metade de Σd^2_{MAX}:

$$E\left(\sum d^2\right) = \frac{N\left(N^2-1\right)}{6}$$

A estatística Σd^2, utilizada na definição do coeficiente de correlação ordinal de Spearman, é uma entre as várias medidas de diferença entre as ordens.

BIBLIOGRAFIA

ANDERSON, N.H. (1971). Scales and statistics: parametric and nonparametric. In B. Lieberman (Ed.), *Contemporary problems in statistics: A book of readings for the behavioral sciences*. New York: Oxford University Press. (Reprinted from *Psychological Bulletin*, 1961, Vol. 58, No. 4, p. 305-316).

BABBIE, E. & HALLEY, F. (1995). *Adventures in social research*. Thousand Oaks: Pine Forge Press.

BAKAN, D. (1971). The test of significance in psychological research. In B. Lieberman (Ed.), *Contemporary problems in statistics: A book of readings for the behavioral sciences*. New York: Oxford University Press. (Reprinted from *Psychological Bulletin*, 1966, Vol. 66, No. 6, p. 423-437).

BÉLANGER, D. (1988). Mesure des phénomènes. In M. Robert (Ed.), *Fondements et étapes de la recherche scientifique en psychologie* (p. 213-227). Saint-Hyacinthe: Edisem.

BENZÉCRI, J.P. (1982). *Histoire et préhistoire de l'analyse des données*. Paris: Dunod.

BERKSON, J. (1942). Tests of significance considered as evidence. *Journal of the American Statistical Association, 37*, 325-335.

BRYMAN, A. & CRAMER, D. (1992). *Análise de dados em ciências sociais*. Oeiras: Celta Editora.

BURKE, C.J. (1971). A brief note on one-tailed tests. In B. Lieberman (Ed.), *Contemporary problems in statistics: A book of readings for the behavioral sciences*. New York: Oxford University Press. (Reprinted from *Psychological Bulletin*, 1953, Vol. 50, No. 5, p. 384-387).

COHEN, L. & HOLLIDAY, M. (1982). *Statistics for social scientists*. Londres: Harper & Row.

CRAIG, J.R. & METZE, L.P. (1979). *Methods of psychological research*. Filadélfia: W.B. Saunders Company.

DENZIN, N.K. (1978). The logic of naturalistic inquiry. In N.K. Denzin (Ed.), *Sociological methods: A sourcebook*. New York: McGraw-Hill.

D'HAINAUT, L. (1990). *Conceitos e métodos da estatística, Vol. I*. Lisboa: Edição da Fundação Calouste Gulbenkian.

D'HAINAUT, L. (1992). *Conceitos e métodos da estatística, Vol. II*. Lisboa: Edição da Fundação Calouste Gulbenkian.

298 *Análise de Dados na Investigação em Psicologia*

DIAMANTOPOULOS, A. & SCHLEGELMILCH, B.B. (1997). *Taking the fear out of data analysis: A step by step approach.* London: The Dryden Press.

EDGINGTON, E.S. (1974). A new tabulation of statistical procedures used in APA journals. *American Psychologist,* 25-28.

FERGUSON, G.A. & Takane, Y. (1989). *Statistical analysis in psychology and education,* 6th. ed. Auckland: McGraw-Hill.

GALVÃO DE MELLO, F. (1993). *Probabilidades e estatística.* Lisboa: Escolar Edição.

GLASS, G.V. & HOPKINS, K.D. (1984). *Statistical methods in education and psychology,* 2nd ed. Needham Heights: Allyn & Bacon.

KERLINGER, F.N. (1964). *Foundations of behavioral research.* London and New York: Holt, Rinehart & Winston.

LABOVITZ, S. (1970). The assignment of numbers to rank order categories. *American Sociological Review, 35,* 515-524.

LIEBERMAN, B. (1971). *Contemporary problems in statistics: A book of readings for the behavioral sciences.* New York: Oxford University Press.

MOORE, D.S. (1997). *Statistics: Concepts and controversies. (4th. ed).* New York: W.H. Freeman & Co.

NUNALLY, J. (1960). The place of statistics in psychology. *Educational and Psychological Measurement, 20,* 641-650.

OLÉRON, P. (1957). *Les composantes de l'intelligence d'après les recherches factorielles.* Paris: Presses Universitaires de France.

OMBREDANE, A. (1966). Préface de la première édition. In Faverge, J.M., *Méthodes statistiques en psychologie appliquée, 5e ed.* Paris: Presses Universitaires de France.

OVERALL, J.E. (1971). Classical statistical hypothesis testing within the context of Bayesian theory. In B. Lieberman (Ed.), *Contemporary problems in statistics: A book of readings for the behavioral sciences.* New York: Oxford University Press. (Reprinted from *Psychological Bulletin,* 1969, Vol. 71, No. 4, p. 285-295).

REASON, P. & ROWAN, J. (Eds)(1981). *Human inquiry.* Londres: John Wiley & Sons, Ltd.

ROBERT, M. (1988). Validité, variables et contrôle. In M. Robert (Ed.), *Fondements et étapes de la recherche scientifique en psychologie* (p. 79-118). Saint-Hyacinthe: Edisem.

RODRIGUES LOPES, A. (1990). Introdução à edição portuguesa de D'Hainaut, L. *Conceitos e métodos da estatística, Vol. I.* Lisboa: Edição da Fundação Calouste Gulbenkian.

ROSE, D. & SULLIVAN, O. (1993). *Introducing data analysis for social scientists.* Buckingham: Open University Press.

ROZEBOOM, W.W. (1971). The fallacy of the null-hypothesis significance test. In B. Lieberman (Ed.), *Contemporary problems in statistics: A book of readings for the behavioral sciences.* New York: Oxford University Press. (Reprinted from *Psychological Bulletin,* 1960, Vol. 57, No. 5, p. 416-428).

SIEGEL, S. & CASTELLAN, N.J. (1988). *Nonparametric statistics for the behavioral sciences.* Singapore: McGraw-Hill.

SMITHSON, M. (2000). *Statistics with confidence*. London: Sage.

SOKAL, R.S. & NEATH, P. (1963). *Principles of Numerical Taxonomy*. San Francisco: Freeman.

SPIEGEL, M.R. (1984). *Estatística. 2ª ed*. São Paulo: McGraw-Hill.

SPSS (1999). *Base 10.0 Applications Guide*. Chicago, Il.

STEVENS, S.S. (1971). Measurement, statistics and the schemapiric view. In B. Lieberman (Ed.), *Contemporary problems in statistics: A book of readings for the behavioral sciences*. New York: Oxford University Press. (Reprinted from *Science*, 1968, Vol. 161, 30.8.1968, p. 849-856).

SUDMAN, S. (1976). *Applied sampling*. San Francisco: Academic Press.

TABACHNICK, B.G. & Fidell, L.S. (1996). *Using multivariate statistics. 3ª ed*. New York: Harper Collins.

TASHAKKORI, A. & TEDDLIE, C. (1998). *Mixed methodology*. London: Sage.

TWAITE, J.A. & MONROE, J.A. (1979). *Introductory statistics*. Glenview, Illinois: Scott, Foresman & Co.

VOGT, W. P. (1999). *Dictionary of Statistics & Methodology*. Thousand Oaks, Ca: Sage.

WINER, B.J. (1971). *Statistical principles in experimental design*. New York: McGraw-Hill.

ÍNDICE

Página

Módulo 1: Estatística e Psicologia 7

Módulo 2: Noções fundamentais 23

Módulo 3: Introdução ao trabalho com o SPSS 41

Módulo 4: Os ficheiros de dados no SPSS 49

Módulo 5: Estatística descritiva univariada 61

Módulo 6: A análise estatística com o SPSS 75

Módulo 7: As distribuições teóricas 85

Módulo 8: Teoria da amostragem e da estimação 97

Módulo 9: Introdução à teoria da decisão estatística 103

Módulo 10: Testes para um grupo e uma variável 117

Módulo 11: Testes para duas variáveis nominais 123

Módulo 12: Medidas de associação para duas variáveis nominais 131

Módulo 13: Testes para dois grupos e uma variável numérica 135

Módulo 14: Testes para um grupo e duas variáveis numéricas 143

Módulo 15: Medidas de associação para duas variáveis numéricas 151

Módulo 16: A regressão linear simples 163

Módulo 17: Testes para vários grupos e uma variável numérica 169

302 *Análise de Dados na Investigação em Psicologia*

Módulo 18: Medida de associação entre uma variável nominal
e uma variável numérica 179

Módulo 19: Modificar dados ou ficheiros com o SPSS 183

Módulo 20: Mais sobre o SPSS 191

Módulo 21: Introdução aos métodos multivariados 199

Módulo 22: A análise da variância com medidas repetidas 205

Módulo 23: A análise da variância com duas dimensões 213

Módulo 24: Medidas de associação entre mais do que duas variáveis 223

Módulo 25: Introdução à análise de regressão múltipla 229

Módulo 26: Reflexões conclusivas 241

Módulo 27: Fichas de exercício 251

Módulo 28: Respostas aos exercícios 277

Anexo 1: Os números inteiros 293

Bibliografia 297

ÍNDICE DOS ESQUEMAS

Esquema 1: O processo de investigação 21

Esquema 2: Análise descritiva univariada 72

Esquema 3: Comparação de duas amostras 149

Esquema 4: Medidas de associação entre duas variáveis 181